スクールリーダーの“刺さる”言葉

教職員、子どもの心を動かす55のフレーズ

玉置 崇［著］

明治図書

はじめに

「玉置先生は、どのように教職員や子どもたちとの関係をつくっておられたのでしょうか？」

スクールリーダーからこのような質問を受けることが、大学人９年目になった今でもあります。多くの方が、職員室での関係づくりに悩んだり、自分の思いや考えが伝わらないと感じていたりするからだと思います。

一方で、

「玉置先生が校長時代に子どもたちや教職員に言っておられた『ＡＢＣＤの原則』や『誠意はスピード』などのフレーズは、よく使わせていただいています。できれば、玉置流の言葉をまとめて教えていただけるとありがたいです」

と言われる方がいます。

また、「子どもをひきつける話し方」や「管理職のためのコミュニケーション術」といった演題での講演依頼をいただくこともあります。

振り返ってみると、教務主任、教頭、校長、教育事務所長など、様々なスクールリーダーとしての立場を経験しながら、いつも相手の心にすっと届くフレーズを自分なりに考えて発してきました。

何かの機会があれば、それらをまとめてみる年齢になってきたかなと考えていたときに、明治図書の矢口郁雄さんから、「教職員や子どもの心を動かすフレーズの集大成本を出しませんか」と声をかけていただきました。私の心境をつかんでいただいていることに感激して出版を即断し、この『スクールリーダーの〝刺さる〟言葉　教職員、子どもの心を動かす55のフレーズ』を発刊することになりました。

スクールリーダーとして、数々の学校改善や改革を行ってきたことを評価していただくことがありますが、私がそれらをできたのも、教職員や保護者や子どもが私の思いをしっかりと受け止め、いわば同志となってもらったからです。改善や改革のアイデアや助言は1人で出せても、まわりの理解がなければ実行することはできません。理解を生むための第一手段は、聞き手の心に〝刺さる〟言葉を発することだと確信しています。

まずは目次をご覧ください。フレーズとその根底にある概念が一覧でき、いつも手元に置いて使っていただけるように構成されています。本書を参考に、気軽に私のフレーズを活用したり、独自の〝刺さる〟フレーズを生み出したりして、教職員や子どもとともに学校づくりを進めていかれることを祈念しています。

2023年7月

玉置　崇

もくじ
Contents

もくじ

第2章 授業者の心を動かす13のフレーズ

もくじ

第3章 保護者対応を支える6のフレーズ

第4章 子どもの心を動かす7のフレーズ

第5章 リーダーの心を動かす10のフレーズ

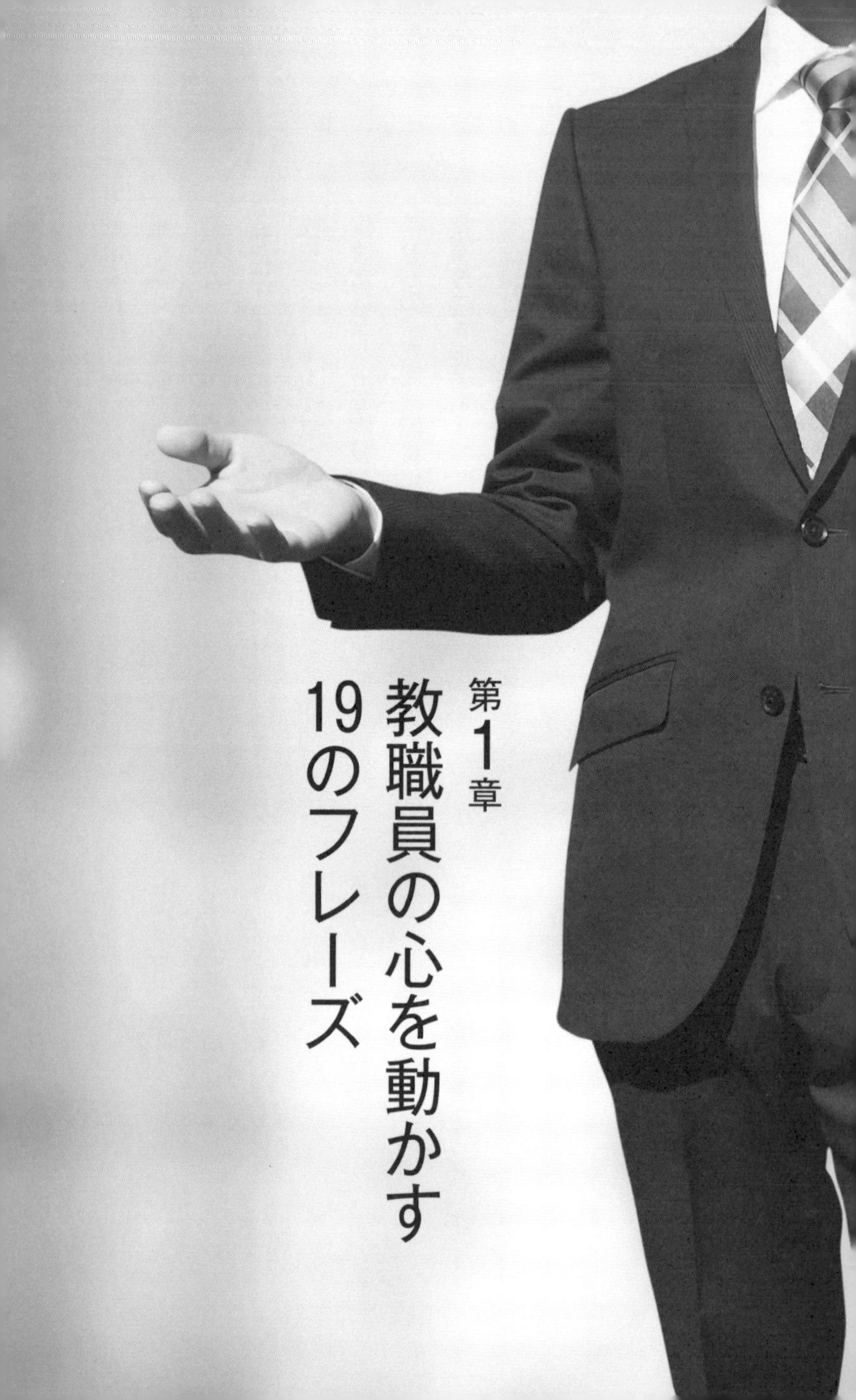

第1章 教職員の心を動かす19のフレーズ

「何でも報告してくださいよ」
「何でも相談してくださいよ」
この言葉では、教職員は動かない。

校長まで伝えたら、あなたの責任は０％

[報告・連絡・相談がしやすい環境づくり]

4月早々の職員会議で、次のように宣言します。

「悩むことや困ったことがあったら、ぜひ校長である私や教頭に伝えてください。教頭に伝えたら、あなたの責任は50％になります。

そして、**校長である私まで伝えたら、あなたの責任は0％になります**」

このような表現で、問題を1人で抱え込まないよう教職員に周知するのです。

この宣言をした日の夕方、校長室に生徒指導主任が訪ねてきたことがありました。

「校長先生、今日のお話に感激しました。あそこまで言われた校長ははじめてです」

むしろこちらの方が感激する言葉だったので、

「わざわざ校長室まで、こうして言いに来てくれたことこそうれしいことです。ありがとう。だからね、あまり校長まで伝えないようにしてくださいね（笑）」

と応えました。


「何でも報告してくださいよ」「何でも相談してくださいよ」

管理職なら、きっとだれもがこう言っているでしょう。しかし、実際には教職員はなかなか動きません。この「校長まで伝えたら、あなたの責任は０％」という表現は、どう伝えれば教職員が実際に動いてくれるかを深く考えたときに生まれたものです。

「学校力は、職員室でのコミュニケーション量に比例している」という説があります。

そもそも学校力の定義からして曖昧ではありますが、長年の経験からいうと、これは的を射ていると思います。コミュニケーション量が多いというのは、日常的に報告や連絡がなされていて、気軽に相談することができる職員室であるということです。

報告や連絡が頻繁になされていれば、お互いにそれぞれの状況を知ることになります。

例えば、ある担任が、

「私の学級の○○さん、今日は朝から機嫌が悪いのです。『どうしたの？』と聞いても、答えようとしません。先生方もそれとなく様子を見ていただければありがたいです」

と、学年の先生に相談したとしましょう。

子どものことはもちろん気になりますが、その担任の心境、つまり職員室で相談したくなる気持ちも察することができます。「学校力はチームワーク力」とも言えます。チームワーク力を高めるには、まずはお互いをよく知ることですから、日ごろから報告、連絡、相談を大切にしたいものです。

こうした意味からも、1人で抱え込み、深く悩んでしまう前に校長にも伝えてほしいと思い、「校長まで伝えたら、あなたの責任は0％」と表現しました。

もっとも、ここで示した「ある子どもへの指導に困難さを感じている」というケースは、担任よりも学年主任や副主任から聞くことがほとんどです。担任にもプライドがありますから、大きな問題にならない限り、校長室まで足を運ぶことはありません。

しかし、事が大きくなってからの対応は大変です。小さいうちに把握し、ある程度対応しておきたいと考えるのが管理職です。そして、管理職と教職員をつなぐ役割を果たすのが、学年主任などのミドルリーダーです。**優秀なミドルリーダーの存在は大変貴重**です。

かつて教職員から、「玉置先生の第一印象は厳しいイメージです」と言われたことがあります。こう言われたからには、そのように思っている教職員が他にもいるだろうと考えました。そうしたイメージで教職員と自分の間に距離ができるのは当然望ましくありません。教職員は職員室で私が話す姿からそのように感じているのだと思い、まずは相手の主張に寄り添うことを心がけました。**「よく話を聞いてくれる管理職」というイメージをもってもらわないと、こうしたフレーズにも真実味が出ない**のだと気づきました。

教師といえども、必ず失敗はする。
大切なのは、失敗後の対応。

誠意はスピードに表れる

[迅速な対応の大切さ]

失敗後の対応の良し悪しを分けるポイントは、その早さ・速さにあるので、**「誠意はスピードに表れる」**と伝えています。

こうした思いに至ったのは、県教育委員会勤務時代にクレーム対応の仕事を2年間担当した経験からです。そのころを思い出すと、今でも胸が苦しくなります。週に2、3度、県庁の電話受信が開始される8時30分になると同時に、目の前の電話が鳴るのです。

「教育関係の苦情のようですので、そちらにおつなぎします」

という総合窓口からの伝言と入れ替わり、いきなり激しい怒りの声が聞こえることもありました。県教委に電話を入れようと決めて電話番号を押している間に、興奮状態に陥ってしまったのだろうと思います。どのような方でも、まずは話を聞くことから始めるしかありません。中には、当初の問題から離れ、学校の対応が遅い＝対応しようという気持ちがないと捉えられ、苦情を言われる方もいました。

「また、電話をさせていただきます」

という、**「また」という言葉の捉え方の違いによる苦情**もありました。腹を立てているとき「また」と言われれば、次の日には電話があると思われる方もいます。発信側と受信側では感覚が異なるという典型例ですが、遅々として進まない対応には、クレームが入っても致し方ありません。
こうした経験から「誠意はスピードに表れる」というフレーズが生まれました。

私がこのフレーズを伝えてから、職員室で意識して同じフレーズを使うようになった方がいました。1人は事務職員です。立場上、文書提出を依頼することが多く、指定した期日までに提出がない人に「校長先生が言われるように、『誠意はスピード』ですのでよろしく」と伝えていました。また、教室で子どもたちに「誠意はスピードに表れます」と話している担任もいて、改めてこの言葉の価値と普遍性を感じました。

かつて指導助言をしてもなかなか改善しない若手教師がいました。指導助言をした折の対応はとてもよいのです。「はい、よくわかりました。やってみます」「うっかりしていてすみませんでした。すぐに出します」と気持ちのよい返事をするのですが、実行されないまま、時間だけが過ぎていきます。
こちらはイライラします。自分の伝え方がまずかったのだろうか、対応できない何かが起こっているのだろうかと心配にもなります。考えているうちに、なぜ自分がこんなにストレスを感じなくてはいけないのだと、腹も立つものです。

このように、**反応が遅いと相手との関係を悪くすることもある**のです。気持ちを抑えきれず、再度指導助言をすることもありました。「実は…」と、その後の状況を聞くことがありましたが、内心「本当にそうなのだろうか…」と懐疑的な気持ちになりました。

こうした経験もあり、失敗したときの鉄則として、「誠意はスピードに表れる」ことを強調したうえで、すぐに動くように伝えました。「明日の夕方には電話をします」と約束したのなら、仮にそのときにまでに新たに伝えることが生まれなくても、途中経過を伝えることが誠意の表れだと力説しました。

このことは、相手の気持ちになってみると、よくわかるはずです。**待つ身には、わずかな時間が長く感じるられるもの**です。自分のことを大切にしていないとも捉えられてしまいます。地域の方や教職員からの訴えにも、「教育委員会に、なんとか対応していただけないかとお願いしているところです」と、現状を伝えることを心がけてきました。結論が出てから話せばよいと思われるようなことも、管理職としての取組を理解してもらうために、結構な頻度で途中経過について話しました。これも「誠意はスピード」です。

一人職は同じ立場の人がおらず、孤独。
だが、孤立すると必要な情報が入ってこない。

一人職は「孤独」だが、「孤立」してはいけない

[「裸の王様」になることへの警鐘]

学校には、校長、副校長（教頭）、主幹教諭、養護教諭、栄養教諭、事務職員など、いわゆる一人職の者がいます。教務主任や学年主任、研究主任も一人職であると言ってもいいかもしれません。

一人職は、校内で同じ立場の人がいないため、仕事上の相談ができず、孤独を感じることがありますが、孤立してはいけないのです。**孤立すると、重要な情報が入ってこないことがあるから**です。

私は、おかげさまで多くの教職員から様々な情報が入ってきましたが、その情報を知らなかったら、学校運営が座礁してしまっただろうと思うことがありました。また、小さな情報ですが、その情報をもとにひと声かけることができ、若い教職員を助けることができたこともあります。

登校指導を終えて校長室に戻ると、事務職員が次の情報をくれたことがありました。

「校長先生、今朝、○○先生は保護者からかなり厳しい電話を受けていました。苦しい感じでした。どうも今日の夕方、その保護者が学校に来るようです」

このような情報は貴重です。ともすると、担任は学年主任にも伝えず、夕方まで問題を

1人で抱え込んでしまう場合があります。特に、自分に非があると思うと、おいそれと他人には相談できないものです。

私は、まず学年主任に担任から報告があったかどうかを聞きに行きました。その事務職員は、私だけではなく、学年主任にも情報を伝えていました。本人も、学年主任に保護者からの訴えを伝えたとのことでした。

これを聞き、その学年主任にこう伝えました。

「情報が入ったのはいいことですね。学年主任もいわば孤独です。でも、**孤独ですが、**情報が入ったのは、まさに**孤立してはいけない**のです。あなたに担任からも事務職員からも情報が入ったのは、まさに孤立していないということです」

対応方針は、学年主任の判断に任せました。担任には学年主任によく相談して保護者対応に臨むように、また困ることがあれば相談に乗るので心配いらないと伝えました。

その後、学年主任は担任から保護者への思いをしっかり聞き出し、保護者との面談に臨みました。担任本人の誠実な謝罪により、事を収めることができました。後に、私が事前に「心配いらない」と声をかけたことで安心できたと言っていたと、学年主任から聞きました。こうしたひと言をかけることができたのも、情報が入ってきたからこそです。

管理職が情報を求めれば、ある程度の情報は手に入れられます。しかし、働きかけがなければ入ってこない情報だけでは十分ではありません。**自ら求めていたのではない情報に大きな価値がある**ことがあります。判断を左右する貴重な情報もあるはずです。そうした情報が自然に入ってくるようにするには、まずは孤立しないことです。特に一人職の場合は孤独を感じることがありますが、孤立していなければ、そのような気持ちになることも少ないはずです。

心がけたいのは、「発信型」になることです。

愛知県の小中学校長を歴任された平林哲也先生は、「発信なければ受信なし」というフレーズをつくり、学校ホームページで校長日記を毎日更新されていました。校長として行ったことはもちろん、日々の心境をそのまま綴った記録を掲載されていました。土日や長期休業中はもちろん、修学旅行中も欠かさずの発信でした。そのため、平林先生のもとには、保護者や地域から多くの情報が届くようになったとのことです。それらの情報は、学校経営にとても役立ったと言われます。

平林先生と同じことをするのは大変ですが、**まずは教職員に自ら話しかけ、コミュニケーションを取ることが、だれもができる孤立しない手立て**です。

スクールリーダーに
さらなる向上心がなければ、
教職員や子どもたちの伸びは期待できない。

常にこれがベストかと問い返そう

［自問自答の大切さ］

校長職について学ぶために、かつて茅ヶ崎市で学校教育部長や校長を務められた角田明先生から、直々に教えを受けていました。

その角田先生に、2日間にわたって自校に来ていただき、多くの授業を参観したうえで、授業検討会で助言をしていただいたことがあります。さらに、新入生の保護者説明会では、自校参観を踏まえて講演もしていただきました。

そのときのことです。角田先生は、保護者に次のように話されました。

「この学校には昨日から来て、たくさんの授業を見せてもらいました。どの教室の子どもも、目がキラキラしているのですよ」

私は、この言葉を聞いて「ヨイショ」が含まれていると思いながらも、保護者は安心されるだろうなと思いました。その直後です。

「だからダメなのです。中学生の目がキラキラしていてはいけないのです」

と言われたのです。思わず「えっ！」と声を出しそうになりました。

「中学生の目は、ギラギラしていないといけないのです。もっとよい考えや方法はないのか、わかりやすい伝え方がないのか、この情報は本当なのか…などと追究心に満ちているときには、目はギラギラしているはずです。この学校にはそれが足りません。校長にはよく話しておきますから、４月からは安心してお子さんを通わせてください」

この締めくくりの言葉に深く納得しました。

正直、我が校の子どもは落ち着いて学んでいるのでよいと思っていたのです。しかし、**指導者側にさらなる向上心がなければ、子どもたちの伸びは期待できません。**「これがベストか」という自問自答を失っていた自分を恥じました。翌年から、学校教育の目標を「キラキラ授業からギラギラ授業へ」にしました。

「大過なく教員生活を送ることができました」

とは、退職校長の退任時によく耳にする言葉です。この言葉が意味するところは、とてもよくわかります。大きな問題がなく、日々平穏に過ごすことができた喜びを表現することは、決して悪いことではありません。

しかし、**大過なかったことが、特に新たに動かなかったことで成立していたのなら、リーダーとしては深く反省すべき**です。細心の注意を払いつつ、新たなことにも挑戦して、成果を生み出したいものです。こうした点からも「これがベストなのか」という問い返しは、いつも忘れないでいたいものです。

最近の教育界で例えれば、文部科学省のＧＩＧＡスクール構想によって１人１台の情報端末がすべての子どもに付与されました。導入年度は、まずは端末を使ってみようという取組で十分でした。しかし、情報端末を使うことが第一目的のままでは、ＧＩＧＡスクール構想が目指している、すべての子どもたちの情報活用能力を伸ばすことはできません。

文部科学省のＩＣＴ活用教育アドバイザーとして、多くの学校の取組を知りました。「当初は引き気味だったベテラン教師が、情報端末を使って授業をするようになったのだから十分だ」と捉えているリーダーが散見されるのは、とても残念に思います。リーダーが「これでよい！」と満足してしまえば、現状からの進展は望めません。

そうしたリーダーに出会ったときには、僭越ですが、**「常にこれがベストかと問い返しましょう」**と伝えています。「もっとよいものがあるのではないかと自問自答する中で、アイデアが浮かぶものですよ」とリーダーとしての心得もお伝えしています。

１人１台端末の場合で言えば、「『よりよい端末活用の方法はないだろうか？』と教職員に問うことは、リーダーの大切な役割です。仮に相手から『よりよいとはどういうことでしょうか？』という質問があれば、大いに喜び、その教職員としっかり対話しましょう」と、進言しています。

その教育活動に、本当に教育効果はあるのか。
惰性で続けているだけではないか。
この考え方が「働き方改革」を加速させる。

ひょっとしたら「思い込み業務」ではないかと問い直そう

[「働き方改革」の重要視点]

学校には、長年継続して取り組んできた教育活動があります。しかし、その中には、教**育効果があると思い込んで続けている教育活動**はないでしょうか。私はそれらを「思い込み業務」と称しています。

例えば、勤務時間前に校門で生徒を迎え、あいさつを交わしている学校があると思います。この活動は、私が勤めたすべての学校で行われていました。

あるとき、「このあいさつ活動には、どれほど効果があるのだろう」と自問したことがあります。勤務時間前ですから、教師の自主活動です。管理職としてはありがたいことですが、「勤務時間前にわざわざやらなければいけない活動なのか？」と思ったのです。かつて中学校が荒れていたときは、校門で頭髪や服装チェックをして、規則違反であると、すぐに改めさせたり、家庭で着替えてくるように指導したりしていました。また、登校すべき時刻が迫ってくると、大きな声を出して走るように促していました。そのときの活動がそのまま受け継がれているのではないかと思ったのです。

そこで、運営委員会で「思い込み業務」の説明をしたうえで、「例えば、朝の登校指導は、**ひょっとしたら『思い込み業務』ではないかと問い直しませんか**」と投げかけました。

「各学年で話し合いをして、『思い込み業務』という判断が多ければ、さっそく止めましょう」と伝えました。

教職員の週番業務に朝の登校指導が位置づけられていることへの疑問（勤務時間外の活動指示となっている）が出されたり、朝の登校指導の価値を考え直したりする意見が出されました。最終的には、さして教育効果がない活動であったことを確認して、それまでの校門での活動は廃止することになりました。朝の教職員打ち合わせ後に各教室に出向き、生徒とあいさつを交わし、一日を気持ちよくスタートしようということになりました。

「思い込み業務」という文言は、それまでの教育活動の価値や意義を問い直すことを促します。価値や意義がなければ、無理して続けることはありません。**業務が1つでも減ることで「働き方改革」も前進します。**学期の変わり目などの時期に、研修の一環として、「『思い込み業務』を洗い出そう」というテーマで、話し合いをもつのもよいでしょう。きっと多くの「思い込み業務」候補が出されるはずです。

注目すべきは、その業務に教育効果があるかどうかという点です。冷静になって考えても、教育効果があるのなら継続すべきです。他の活動でより効率的にできるのであれば、変更を考えてみるのもよいでしょう。いずれにしても、それまでの教育活動を見直すよい機会になるはずです。

もう1つ、「思い込み業務」であると判断し、翌年から変更した事例を紹介します。それは、体育大会の練習時間です。ある年の体育大会前の天候は雨続きで、まったく計画通りに練習ができず、当日を迎えました。体育主任から、「全体練習不足で、開会式では、生徒はダラダラした姿を見せることになると思います」といったお詫びの言葉がありましたが、致し方ないことです。

そこで、私は開会式前に来賓に対して、「雨でしっかりと練習ができなかったために、生徒は締まりのない姿を見せることになるかもしれませんがお許しください」と、マイクを使って話しました。この言葉は、全校生徒が聞いています。私のこの言葉に対して、「校長、見ていろよ！」という気持ちになったのでしょう。なんと、生徒は実に整然とした入場、腹の底から声が出ている校歌斉唱など、すばらしい姿を見せてくれたのです。

「練習を何度もすることが必要だと思っていたのは、まさに『思い込み業務』でした。要は生徒のやる気次第でした」という体育主任の言葉には、心から賛同しました。

学校の未来を構想するときは、
相当の覚悟と広い視野をもって
決断する必要がある。

すべての学校が近い将来そうなるのか

[未来の教育を創るための留意点]

「玉置さん、すべての学校が近い将来そうなるのか」

こう問われたのは、もう25年以上前の教頭時代のことです。当時は、数人の教職員がコンピュータを自前で用意して仕事に使い始めていた時代で、「インターネット」という言葉を新聞やテレビでときどき目にするようになったころです。

大企業では、全社員のコンピュータがネットワークで結ばれ、情報をやりとりしながら仕事をしていることがテレビの特集で扱われたり、書籍で紹介されたりしていました。一方、学校現場では、ほとんどの教職員が、職員室がそのようになることはないだろうと考えていました。

そのころに、ある社長に「玉置さんがやりたいことがあったら、考えてみるので相談してくださいよ」と言われたのです。企業経営本から、社内ネットワーク活用によって業務が大いに効率化できることを知り、感動していたこともあって、その社長に学校の業務が効率化できる教職員用のネットワークシステムを開発したいと夢を語りました。可能であれば、職員室用のコンピュータを10台設置し、それらをネットワークで結び、学校業務の効率化と改善の研究を行ってみたいと伝えました。

社長は「3日間考えるので時間がほしい」と言われました。即座に「無理な話です」と返答されてもいい話です。学校には一切お金がありません。機器やネットワーク設置だけでもかなりの出費です。また、世の中にない学校業務用のシステムをつくりたいという、まさに夢の話をしたわけで、実現できるとは限らないのです。ところが、なんと3日後に「挑戦してみましょう」と返事が届きました。こんなにうれしいことはありません。

しかし、社長に相談したことを、校長には伝えていませんでした。思いがけず話が進んだことで、なんとしても校長から職員室改造の許可を得なければならなくなりました。校長には、コンピュータをネットワークでつないで情報をやりとりすることで、業務が効率化すること、企業ではすでにそうなっているところがあることなどを、熱く語りました。

校長は、「コンピュータネットワークのことは、どれほど聞いても私にはわからない。1つだけ聞いて判断したい。玉置さん、**すべての学校が、近い将来そうなるんだね?**」と、私に尋ねたのです。「もちろん、そうなります!」と即答しました。すると、「よし、わかった。やってみてください」と校長の決済が下りたのです。

そのときの「すべての学校は、近い将来そうなるのか?」という視点は、私にはまったくありませんでした。そして、この問いを唯一の判断材料にして決断した校長に改めて感服しました。そして、絶対に成功させなければならないと思ったのです。

3年間にわたる私たちと企業による共同開発によって、今では、教職員の業務に欠くことができない校務支援システムが開発され、全国に普及しました。

「すべての学校でそうなるのか」というのは、実に深い問いです。

例えば、中学校で定期テストを廃止して、単元テストの結果を評価資料の主としようという動きが出てきています。企画委員会や職員会議で議題としている学校もあることでしょう。こうしたことは、単なる思いつきでできるレベルのものではありません。全国の中学校で、中間・期末テストの実施は当たり前とする文化が長く続いてきました。たまたまその学校に勤務した数人の教職員の考え方によって、その文化を変えるとなると、相当な覚悟が必要です。

そうしたときに、重要な検討の視点となるのが、「すべての学校が、近い将来そうなるのか」だと思います。なお、「他の学校が変更しそうだから、我が校も同じようにしよう」という横並びの考え方を勧めているのではないことをつけ加えておきます。

スクールリーダーであれば、
自校の教職員の一人ひとりのよさを伝える、
汎用性の高い表現を身につけたい。

あなたほど私の気持ちがわかる人はいない

［相手の理解への心の底からの感謝］

「あなたほど私の気持ちがわかる人はいない」と伝えられたと想像してみてください。気持ちの高揚を抑えきれないほどうれしくなりませんか。

この言葉は教頭時代に校長から言われました。短いフレーズですが、自分を認めて心の底からほめていただけたと感じられた言葉で、今でも鮮明に覚えています。

ある日の夕方。校長が私のところへ来て、次のように依頼されました。

「玉置さん、申し訳ないが、私の名前で原稿を書いてくれないか。原稿依頼の内容を確認すると、私には手に負えないものだったのだよ」

引き受けた原稿が手に負えないものだったと正直に告白した校長に驚きましたが、頼まれたからには了解せざるを得ません。ところが、締切を確認すると、なんと翌朝だったのです。校長には日ごろからとてもお世話になっており、依頼されたテーマ（情報教育関連）であればネタはあったので、なんとか依頼に応えられると踏み、一晩で原稿を書き上げました。「あの校長なら、こう主張するだろう」と推測しながら書いたのです。

翌朝、校長室に原稿を持参して内容を確認してもらいました。校長は、私の原稿を熟読して、「玉置さん、**あなたほど私の気持ちがわかる人はいないよ**」と言われました。私は、思わず「ありがとうございます」とお礼を言い、自席に戻りました。

冷静になり、「なぜ自分がお礼を言ったのだ…？　校長はほめてはくれたが、お礼の言葉もなかった。おかしい」という気持ちになりました。しかし、この言葉はこうした心情をも打ち消してしまいました。相手を賛辞する魅力ある言葉を体感することができ、原稿書きの疲れは吹っ飛びました。


人とのつながりが強くなる要素に、**相手が自分の価値を認めていると実感すること**があります。スクールリーダーであれば、自校の教職員の一人ひとりのよさ（価値）を伝えることに神経をつかっているでしょう。しかし、「あなたのことをすばらしい人だと思っています」とストレートに伝えるのは、気恥ずかしさもあって、意外と難しいものです。

そうしたとき、このフレーズをアレンジして、「あなたほど今年度本校が目指している授業づくりの精神がわかっている人はいない」といった表現をしてはどうでしょう。この**「あなたほど私の気持ちがわかる人はいない」というフレーズはアレンジが効きやすいのもよさの１つ**です。

いつも子どもに温かい声かけをしている教職員には、「あなたほど子どもの気持ちがわかる人はいない」と言えばよいでしょう。構造的な板書ができる教職員には「あなたほど板書力がある人はいない」と価値づけましょう。熱心に教材研究をしている教職員には「あなたほど授業前に入念に考えている人はいない」と言えばよいでしょう。集会時に子どもの心に届くとてもわかりやすい話をする教職員には「あなたほど子どもの心を掴む話をする人はいない」と言えばよいでしょう。

こうした相手のよさを捉えて温かい声をかけるリーダーであれば、教職員からも「先生には、私のことをよく見ていただいていますし、実際に私の思いをわかっていただいています」といった言葉が返ってくるようになります。

ところで、この例とは逆の言葉を職員室で耳にすることはありませんか。「○○ほど面倒をかける子はいない」「○○ほど勝手なことをする子どもはいない」「○○ほど担任の気持ちがわからない子どもはいない」など、耳を塞ぎたくなるような言葉を平気で口にする教職員がいます。ここで紹介した言葉は、子ども虐待と捉えられても弁解ができない言葉です。川上康則先生は、これらの言葉を「教室マルトリートメント」（川上先生の造語）と表現し、慎むべき言葉であると警告しています。

子どもをつまずかせたくない。
その気持ちが強過ぎると、
何もかも指示する教師になってしまう。

失敗するのが子ども

[子どもに対する温かなまなざしと寛容さ]

教師は、子どもたちをできるだけつまずかせたくないという思いをもっています。悪いことだとは思いませんが、この気持ちがあまりにも強過ぎると、子どもをまったく信用せず、何もかもを指示する教師になってしまいます。

以前の勤務校で、「行事を通して子どもたちを育てよう」という考え方のもと、子どもに判断を任せることができる部分は、その行事の実行委員会の子どもたちに委ね、子どもたちの手で行事をつくり上げるようにしていました。例えば、修学旅行では、かなり前から実行委員会を立ち上げました。修学旅行の目標決めから訪問先のリスト出し、班別行動の在り方まで、だれもが気持ちよい修学旅行にするために、実行委員会が各学級で提案して準備を進めていました。

ところが、実行委員会のメンバーに「修学旅行を成功させよう」という気持ちを前面に出してほしいという教職員の強い思いから、何かにつけて先回りして指導している場面を見ることがありました。さらに、学年全体の子どもに対しても、例えば、しおりに書かれたことは当日までに暗記して、自ら判断して行動できるようにすることなどを、強い口調で指導をする場面が多くありました。

おそらく、当時の校長はそうした情景を何度も目にしてきたのでしょう。修学旅行を翌日に控え、校長が引率する教職員に話をしたときの言葉が忘れられません。

「これまでの丁寧な指導に頭が下がります。明日からの3日間は、子どもたちを叱ることはやめましょう。**失敗するのが子ども**なのです。失敗しない子どもに出会ったことはありません。旅行中には『何度も話してきたのに、こんなこともわかっていないのか！』と、腹が立つこともあるでしょう。でも、失敗するのが子どもです。『次は気をつけよう』の一言で十分です。修学旅行は子どもも教師も楽しみましょう」

この「失敗するのが子ども」というフレーズが、深く心に残りました。


「話したことは子どもに伝わっているはず」と思い込むのが教師です。自分の子どものころを思い出せば、これは大間違いだと気づきますが、**指導者になると受け手側の気持ちを忘れてしまいがち**です。

「子どもは失敗するもの」と言われれば、「その通り」とも思うのですが、指導しきったという気持ちが強ければ強いほど、子どもが失敗する場面に出合うと腹が立つものです。

先に紹介した校長も、教職員が丁寧に指導していることは認めながら、教師として忘れてはならない心得をあの言葉に込めたのでしょう。もしかすると、若いころにご自身も同じように指導を受けたのかもしれません。自身の経験を基にした言葉は、短いフレーズでも力強さを感じ、心に染み入るものです。

別の校長ですが、保護者への修学旅行説明会を開いた後、教職員に向けて言われた言葉も忘れることはできません。

「先生方の保護者に向けた説明を聞いていて、『修学旅行は楽しいものだ』と少しも思えませんでした。『こんな指導をしています』『このことはお子さんに言い聞かせてください』など、指導内容やお願い事ばかりで、すぐにでも子どもを修学旅行に行かせたいと思った保護者は何人いたでしょうか。説明会で時間をかけたいのは、『子どもたちは、このような場で楽しみながら豊かな学びをします』といった、修学旅行ならではの学びを伝えることとです。保護者に『私も一緒に行ってみたい』という気持ちになってもらうことが大切です。事前に弁明ばかりしている感じがして、本質を見失っているのではないかと心配になりました」

柔らかい口調でしたが、厳しい内容でした。**本質を衝く言葉は短くて鋭いもの**だと学びました。

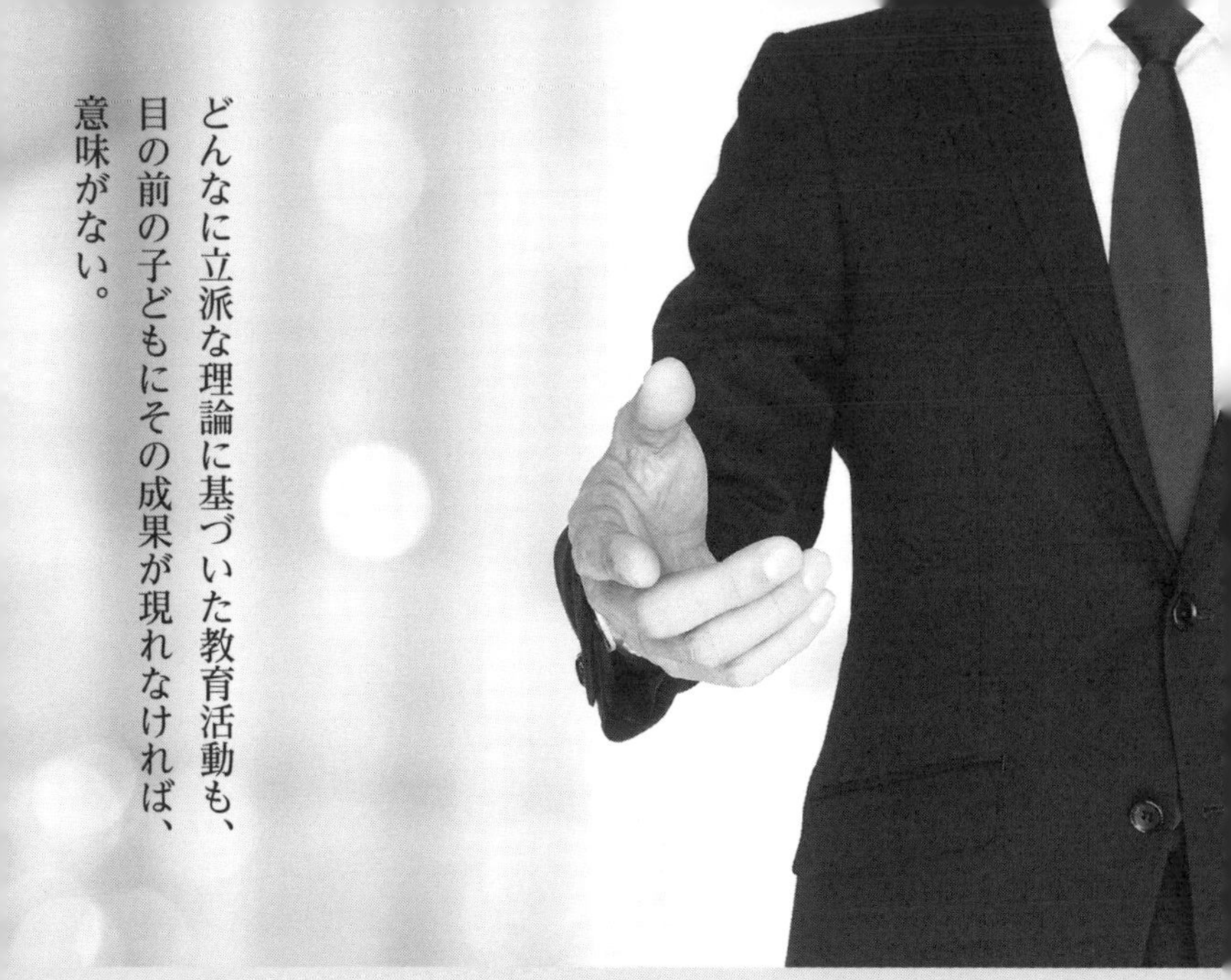

どんなに立派な理論に基づいた教育活動も、
目の前の子どもにその成果が現れなければ、
意味がない。

教育活動の成果は子どもが見せてくれる

[教育活動の評価軸]

文部科学省のGIGAスクール構想によって、1人1台の情報端末が配備されました。当初は、その端末の活用状況が注目されていましたが、徐々に端末活用によって、子どもたちの学びがどのように向上してきたかが話題にされるようになってきました。とてもよいことです。**教育活動の成果は、子どもの姿で語りたい**と強く思うからです。

このことを痛感したのには理由があります。

かつて自分が勤めていた市の、ある中学校が大変荒れたのですが、それがすっかり改善されたことを示したのは、子どもたちの姿だったからです。

その中学校は、生徒によって職員室が占拠され、警察が介入するほどの荒れ様でした。そのような学校でしたが、校長以下全教職員が一丸となった取組と教育委員会の多大な支援があり、数年後には「学びの共同体」の実践校として全国にも知られる、モデル校となりました。

そこに至るまでの学校の変化は、外側から知るだけでしたが、それはすばらしいものでした。授業研究をするときは公開とし、市内他校の教職員による参観が認められていました。私の勤務校からも、毎回数人ずつ参観しました。公開が開始されたころに参観した教職員に尋ねると、以下のような返答でした。

「今日は何人の生徒が教室から出ていたの？」

「十人ほどでしょうか。まだまだ大変な感じです」

そして、数か月後の会話です。

「今日は何人の生徒が廊下や外にいたの？」

「かなり減っていました。ちょっと変わってきた感じです」

さらに数か月後です。

「今日はだれも教室から出ていませんでした」

「そうか。学校に来なくなったのだろうか」

このような会話をしましたが、実は、全員が教室で学び合うようになっていたのです。不登校生徒も減ってきたことが知らされました。

学校がよくなってきた証は、こうした子どもの姿でわかります。自校の教職員にも「**教育活動の成果は子どもが見せてくれます**」と伝え、「私たちの学校も教育成果を子どもの姿で見せましょう」と呼びかけました。

授業研究においても、子どもの姿で取組の成果を捉えることができます。

「子どもの主体性を育む」ことを研究の主目的とした学校に関わったことがあります。研究授業者や協議会参加者に次の質問をしました。

「今日の授業が大成功したとしたら、子どもたちはどのような姿で主体性を見せてくれるはずでしたか？　また、実際はどうだったでしょうか？　授業を見ておられた先生方は、どのような姿を『主体性がある』と捉えたでしょうか？」

主体性を育むことを目指して研究しているのであれば、主体性がある子ども像が明確でないといけません。そのような姿を見せた子どもがいれば、教師は大いに価値づけ、そのよさを本人に意識させたり、全体に伝えたりすることで研究の具体化ができるからです。

こう考えるのも、研究（教育）活動の成果は子どもが見せてくれるからです。いくら立派な研究理論を伝えられても、その研究を通して育った子どもの姿が理論と乖離していたのでは、その理論のよさを知らせ、広げることはできません。自分たちの取組の成果は、必ず子どもが実際の姿で表してくれるものだと信じることです。**職員室では子どもの実際を気軽に語り合い、目指す子ども像をより高めていくことを現場研究の根底に置きたい**ものです。

学級、子どもの数だけ「当たり前」がある。
その多様性を認めながら、
学級も個も成長させたい。

「当たり前」のランクをバージョンアップさせる

［学級、子どもの多様性］

後の章でも紹介しますが、私がつくった言葉に「ＡＢＣＤの原則」があります。

Ａ＝当たり前のことを
Ｂ＝バカにせず
Ｃ＝ちゃんとやれる人こそ
Ｄ＝できる人

このフレーズは、子どもばかりではなく教職員にも伝えてきました。
ある担任が「校長先生が言われるＡＢＣＤの原則を、子どもはかなり意識してくれています。でも、当たり前と考えていることが人によって違っているようで…」と話しているのを耳にしました。この言葉で、当たり前にランクがあることに気づき、**『当たり前』のランクをバージョンアップさせる**」というフレーズができました。

子どもたちを取り巻く環境は、ますます多様になってきましたが、１人として取り残さない教育を進めるようにも呼びかけられています。こうした中、「当たり前ランク」を一律にすると、無理が生じます。したがって、「『当たり前』のランクをバージョンアップさせる」ことの大前提に、「個に応じた」という文言があることをつけ加えておきます。

一律の教育には、とても苦い経験があります。教員3年目（1987年）のことです。家庭訪問に出かけたときに衝撃を受けました。訪問した家は、これまで目にしたことがない状況だったのです。小さな戸建て、玄関の軒先はトタンでした。そのトタンに穴が開いていて、雨の日だったのでボタボタと雨が漏れていました。玄関先の靴は濡れています。狭い玄関には靴やスリッパが山のように積まれていました。玄関から見える居間の状況もそれは酷いものでした。家庭訪問とはいえ、この光景は目にしてはいけないものだと思い、早々に引き上げました。

冷静になったときに、背中に冷汗が流れました。この家庭の子どもに、音読を家の人に聞いてもらいカードに印をつけてもらう宿題を課していたのです。何も考えず一律に出していた宿題で、子どもを傷つけていたに違いないと思いました。この子は、休まず登校することさえ当たり前ではなかったはずです。そのことを踏まえると、私が第一にすべきは、「今日も元気で学校に来たね」という温かい声かけでした。

以下に、学級全体、子ども一人ひとりに「当たり前」としてほしいことの例を示しますが、**その学級、その子の実態に応じて、「当たり前」を提示していく（少しずつランクアップさせる）ことが大切**だということです。

学級全体に対して

・発言者の方に体を向けて聴く
・時間を守る
・人を嫌がることをしない
・わからないときはわからないと言う
・当番活動はしっかり行う
・困っている人がいたら助ける

子ども一人ひとりに対して

・元気にあいさつをする
・提出物をきちんと出す
・相手が話し終わるまで待つ
・忘れ物がないように準備する
・机の中は整頓しておく
・疲れたときには先生に言う

立場が変わったら人が変わった。
役職を振りかざしている。
そう思われていないか注意しよう。

自分がその職だったときの気持ちを思い出そう

［相手の立場への理解］

「教頭になったら○○先生は人が変わったようだ。優しさがなくなったように感じる」などと言われる人がいます。立場が変われば、言動を変えなくてはならないことがあるのはよくわかります。しかし、**人格まで変わったように思われてはいけません。**

私自身も様々な役職を経験させていただき、その役職に応じた言動をしなくてはならないことは多々ありました。

教育事務所長の任に就いていたときのことです。月に1度、校長先生たちに話す機会がありました。立場上、所長は校長の指導者ですが、年齢的には私より上の方がかなりおられます。そのような方々への訓話には神経を使いました。所長職を振りかざして偉そうに話していると思われてはいけませんし、教育事務所長の話は事務的だと感じられてもいけません。どのような心持ちで話したり、具体例を伝えたりすればよいのか自問自答したときに心に浮かんだのが、「**自分が校長職だったときの気持ちを思い出そう**」でした。

訓話の原稿を書きながら、校長職であったときのことをその都度思い出しました。権威を振りかざしていると誤解されないか、校長が所長の話を聞きながら思い描くことと自分が伝えたいことが一致するかなど、自分が校長職であったときの気持ちになって推敲しました。

自分が校長のとき、非常に熱心に若手指導をされるベテラン教職員Aさんがいました。若手に指導助言をしていただくのはとてもありがたいのですが、まわりの教職員から、「若手が至らないのはよくわかるのですが、Aさんの指導はあまりにも厳しいと思います。つぶれてしまわないか心配です」と私に報告があるほどでした。

そこで、まずは若手から状況を聞きました。担当教科は理科です。理科室での授業中、理科準備室で授業準備中のAさんが、若手の授業を参観している状況だということが判明しました。すべての授業を見ていると言ってもよいほどでした。

教員2年目で、はじめて授業をする内容ばかりです。Aさんからすれば、気になることが多いのでしょう。Aさんの理科授業は子どもから定評があり、その授業を受けたいという声が毎年ありました。こうしたことから授業の自信もあり、若手に対する要求水準が過度に上がってしまっているようでした。

また、Aさんは、自身の理科授業の質の高さを示すよい手段が、理科の学力テストの学年平均点を高くすることだと思い込んでいました。そのことから、同学年の一部を若手教員が担当し、指導が不十分になることが許せなかったのです。

したがって、Aさんに若手への関わりについて話すときには、細心の注意を払いました。

「若手を熱心に指導していただいていることに、いつも感謝しています。理科準備室でハラハラしながら授業参観をしていただいていると思います。若手は授業直後にいろいろと助言をもらえることがありがたいと言っていました。ただ、『たくさんの助言をいただいても、すべてに対応できず、自分の至らなさに申し訳ないと思いつつ授業に向かう毎日です』とも言っていました。

そこでお願いがあるのです。先生が今の授業力をつけられたのは、若いときにご自身で日々真摯に授業に向かい、振り返り、改善を重ねられたからこそだと思うのです。そうしたことも語ってやっていただきたいのです。私が数学教師に指導助言するときには、自分が若いときの授業づくりの苦しさや失敗談を伝えることもセットにしています。**自分が相手と同じ立場であったときを思い出しながら伝えると、伝わる量が違う**ように思います」

すぐにAさんに変化があったわけではありませんが、若手教員の表情が随分明るくなってきたことを見て、ひと安心しました。

子どもに「伝わらなかった」ではなく、
教師が「伝えることができなかった」
の意識が必要。

子どもには、
以心伝心では通じない

［教師の思いを言葉にする必要性］

「あんなにしっかり話したのに、子どもに全然伝わっていなかった」

こんな話を耳にしたときには、「子どもには、以心伝心では通じない」と伝えています。

「以心伝心」とは、「言葉によらずに、互いの心から心に伝えること。言語では説明できない深遠・微妙な事柄を相手の心に伝えてわからせること」です。

このフレーズを聞くと、「決して以心伝心で伝えようと思ってはいないのですけど…」と困惑する教職員がいます。そういった場合、「相手に『伝わらなかった』は、自分が『伝えることができなかった』と自覚することが必要ですよ」とやんわり言葉を添えます。

では、子どもに伝わらないのは具体的にどんなときなのでしょうか。

①子どもが聞く気持ちになっていないとき

聞こうとしていなければ、どのようなことを伝えても子どもには届きません。話し始めは静かにさせ、話し手に注目させましょう。

②子どもの気持ちが落ち着かない状況のとき

話し出す前の子どもたちの心境を踏まえることが大切です。例えば、あと5分で休けい時間というタイミングで、じっくりと話を聞かせようとしても、それは無理があります。

③読点「、」が多く、句点「。」が少ない話し方をしているとき

これは、話術の問題です。読点「、」でダラダラ続くと、どこが区切りかわからず、捉えどころのない話であるというイメージをもたれてしまいます。

④抽象的な表現で心情理解を求めているとき

「先生の気持ちがわかるよね?」「悲しいことを知っているよね?」といった、抽象的で相手に心情を悟らせようとする言葉が続くと、子どもは何を伝えたいのかがわからなくなります。

⑤一度に多くのことを伝えようとし過ぎているとき

多くの指示が、一度に正しく伝わることは、まずありません。

ここに示した5項目を留意するだけでも、子どもに伝わる量が増加します。
私が話すときに活用する話術の1つに「落語話法」があります。落語は、登場人物がやりとりしながら話を進めていきます。よほどのことがない限り、状況を説明することはしません。

例えば、落語の中で、湯飲みが目の前にあって、それを飲む場面だとしましょう。「湯飲みがここにありまして…」と、湯飲みの位置を説明したりはしません。落語家は視線で示します。膝元に視線を落とせば、すぐに手が届くところに湯飲みがあることが観客にはわかります。少し先に視線を向けると、少し離れたところに湯飲みがあることを観客は認識します。また、話している相手がどのような状況であるとも説明せず、会話を通して伝えていきます。

「おい、随分眠たそうじゃないか。今起きたばかりかい？」

などと話すことで、相手の様子を観客に伝えています。つまり、**聞き手の頭の中に、絵が浮かぶように話しています。**

この話法は、落語でなくても大いに使えます。

「○○先生がね、『先ほど教室の前を通ったら、「ここはこれでいいの？」と友だちに尋ねる子がいました。そうしたら、すぐに「それでいいよ」と応える子や、「それはすごい！」と言う子がいました。話が弾む、とってもいい学級だね』とほめてくれましたよ」

このように子どもたちに、ほめられている様子が目に浮かぶように話すと、絵とともに伝えたいことが届くので、子どもたちはよく聞き、よく覚えます。

教師である前に1人の人間。
時には教師であることを忘れ、
子どもと一緒にはしゃいでもよい。

「教師であるべきだ」と思い過ぎることはマイナス

[教師のスタンス、子どもとの距離感]

この「『教師であるべきだ』と思い過ぎるとマイナス」というフレーズは、特に若い教師に伝えたいひと言です。

かつて、大変荒れた中学校に勤務したことがありました。授業中に教室から抜け出し、これ見よがしにその教室前の廊下で座っている子どもが何人もいる学校でした。そのため空き時間は学校内を回って、廊下でたむろしている子どもを指導することが日常茶飯事で、心身共に疲れる日々でした。ひと言注意すると、その数倍激しい怒声が返ってくることも珍しくありませんでした。

このような状態を続けていたのでは、改善は見込めません。心情的に彼らに近づくために、座り込んでいるところへ行って、「俺も中学生のときは君らみたいだったよ。教室を抜け出したりもしたよ」と話して距離を縮めようとしました。

すると、1人の子どもが「玉置なんて、そんなことをするわけはない。クソ真面目に決まっている」と言ったのです。しっかり見透かされていました。

「そのとおり！　だから、僕は君らのことがよくわからない。教室で寝ていても注意されないのに、わざわざ授業中に廊下に出るから叱られるわけだ。僕にはこういう勇気はない。どうして廊下に出るのかがわからないから教えてほしい」

いわば、**教師ではなく、1人の人間として、彼らに心の底から聞いてみた**のです。取り繕って彼らの中に入ろうという気持ちは捨て、本音をぶつけたのです。

廊下で集まっている理由はよくわかりませんでしたが、私が自己開示をしたことで、それまでより距離が縮まったように感じました。

そこで、「君たちが教室から抜け出すと、授業をいったん中止して君たちに声をかけないといけないから、授業が進まない。だから、教室から出ないでほしい」と依頼してみました。それ以後、少なくとも自分の数学授業では、子どもが教室から抜け出すことは少なくなりました。この体験からつくづく感じたのは、「子どもに接するときに『教師であるべきだ』と思い過ぎるとマイナスになる」ということです。

管理職として様々な教職員を見ていると、優秀でそつなく仕事をこなし、何ら問題がないけれど、子どもと距離がある、もう少し子どもに寄り添ってほしいと思う人がいます。中でも、子どもを寄りつかせない、「私は教師」という空気をいつでも醸し出している人がいます。常に張り詰めていて、気疲れをするのではないかと心配になります。そう感じるときには、「肩の力を抜いて子どもの傍らにいればいいですよ。**『教師であるべきだ』と思い過ぎるとマイナスになることもあります**」と、アドバイスしたことがあります。

最近、新任教師が退職する事例が増えています。職場の人間関係で悩んだり、保護者からの指摘に心を病んでしまったり、学級が崩壊してしまったりなど、要因は様々です。

私が一番残念に思うのは、子どもと十分に触れ合うことなく去っていく事例です。教師を目指したのは、子どもが好きで、子どもに教えることに魅力を感じ、恩師のようになりたいという気持ちがあってこそだと思います。日ごろ教育学部生を指導しているのでよくわかります。教師を目指す学生の多くに共通する気持ちです。

初任1年を終えた教師に聞くと、「とても大変で苦しく、涙を流したこともたくさんありましたが、子どもが助けてくれました」という人もいるのです。

「子どものところへ行くのが教師」という言葉がありますが、子どもと心を通わせ、子どものほんのわずかな成長を感じられることが、教師を続けるエネルギーになります。そのためにも、**子どもと一緒に大いに遊ぶこと、「教師であらねば」という気持ちを時には忘れ、子どもと一緒にはしゃぐことをスクールリーダーは推奨したい**ものです。

校務ＤＸがどれほど進んでも、
教師が子どもを見取る力は必要。

子どもの背景を深く見取ろう

［学校外での子どもの生活への目配り、理解］

ここでは、「家庭環境調査票」などから見えてくることに基づいて、子ども個々の背景をより深く見取ることを促すフレーズを紹介します。

ただし、昨今は子どもの個人情報の取得や取扱いには厳重な配慮が求められています。また、家庭環境調査票などについても、保護者に詳細な情報提供を求めることは少なくなってきていると思います。したがって、ここで紹介する事例が、教職員による家庭のプライバシーの侵害を招かないよう、十分に留意してください。

「子どもの背景を深く見取ろう」は、冒頭で述べた通り、「家庭環境調査票」などから見えてくることに基づいて、子ども個々の背景をより深く見取ることを促すフレーズです。

保護者から、勤め先や家族（構成）、緊急時の連絡先、自宅周辺地図などが書かれた「家庭環境調査票」が提出されたら、情報を慎重に取り扱い、プライバシーは厳守することを前提として、ひと通り目を通しておくことを教職員にすすめます。

記載された内容を丹念に見ていくと、学校生活だけではわからない、様々な子どもの背景が見えてきます。漫然と眺めているだけでは、何も見えてきません。次のような観点を示しながら話すと、よく伝わると思います。

①保護者名

子どもの苗字と一致しているとは限りません。
続柄にも注意しておきましょう。

②保護者勤務先

日曜日に体育大会を開催することに対して、保護者から「この地域は店舗を開いている保護者が多い。日曜日は休めないことをご存じですか?」と指摘を受けたことがあります。「家庭環境調査票から予想することができたはずなのに」と反省したことがありました。

③家族

兄弟姉妹の在学状況をメモしておきましょう。

また、小学校であれば、通常の下校時刻に子どもが帰宅したとき、家族のだれかが在宅している状況かどうかも読み取りたいところです。

いきなり最先端の話題になりますが、「校務ＤＸ」という言葉をご存じでしょうか。「校務ＤＸ」は、あらゆる校務をデジタル化していこうという動きです。ここで紹介した家庭環境調査票からわかる情報は、システムが整理して教師に知らせてくれると考えればよいでしょう。

文部科学省は、1人1台端末が普及した今、校内に散らばっている子どもに関するデータ（校務系データと学習系データの両方）を一元化・可視化することを通して、一人ひとりに応じたきめ細かな指導を充実させたり、学校経営判断を迅速にさせたりできると考えています。教師の負担が減り、教育が充実するのであれば大賛成です。

しかし、システムから出された情報だけを鵜呑みにして子どもに対応することは危険です。**子どもの状況をより正しくつかむためには、様々な観点から、子どもの背景を深く見取る力が必要**です。

したがって、「子どもの背景を深く見取ろう」というフレーズは、校務ＤＸがどれほど進んだとしても、有効なものであると言えます。システムがすべてを解決することはありません。

異動者には強い心理的負荷がかかる。
まずは、「あれ?」が生じるのは
当たり前のことと伝えよう。

異動して感じた「あれ?」を教えてほしい

[異動者が感じる学校改善の視点]

ある自治体から、異動1年目、2年目の方を対象にした研修会の依頼を受けて講演したことがあります。依頼があったとき、そのような方だけを対象とする研修会開催の理由を尋ね、はじめて知ったことがありました。それは、人事異動によりストレスを感じる教職員が少なくないということでした。

2013年3月29日に、教職員のメンタルヘルス対策検討会議が出した「教職員のメンタルヘルス対策について（最終まとめ）」では、「人事異動等による心理的な負荷」という項目があり、その詳細について次のように書かれていました、

○ 人事異動等による心理的な負荷がある場合や、職場内の対人関係の変化等により人間関係が良好でない場合に、事務的用務の増加、保護者との関わりや生徒指導等の困難なケースにおける心理的な負荷が加わることで、メンタルヘルス不調が起こりやすくなっている。

○ 異動後、前任校と違って、自分の指導が児童生徒に適合できないような状況になると、今までの指導方法が否定されたようになり、戸惑いや強いストレスを感じるようになってしまうこともある。

異動経験がある方は、きっとうなずかれることでしょう。ここで紹介するフレーズは、こういった問題も踏まえ、異動がプラスになることを伝えたいと考えてつくったものです。

長年その学校に勤めている教職員は、今行っているすべてのことが当たり前で、「こういうものだ」と思い込んでいることが多々あります。ところが、異動してきた人にとっては当たり前でないことも多く、「どういうことなのだろう?」と思っているうちに1回目の職員会議が終わる、というのが実際です。

最初の職員会議では質問の時間はなかなかありませんし、説明側も「例年通りでお願いします」の繰り返しがほとんどだと思います。「ここは例年と変更しましたので注意してください」という説明があっても、その「例年」がわからないので、さっぱり理解できないことの連続です。こうした実態を踏まえて、スクールリーダーは、

「異動されてきた方は、職員会議で『あれ?』と思われたことがあるでしょう。私が赴任した当初もそうでした。**その異動して感じた『あれ?』を、ぜひ後日でよいので教えてください**」

と、職員会議などの全体が集まる場で伝えるとよいでしょう。

冒頭で紹介した講演では、**「異動した学校に新鮮な空気を入れる役目がある。前任校の取組の方がよいと感じたら、遠慮することなく、前任校の例を伝えた方がいい」**と話しました。また、「新たな学校での校務分掌は、名称が同じでもその業務は違うと思うこと。学校文化が違うのだから、前任校の方法がずばり当てはまる校務分掌はないと考えた方がよい」とも伝えました。

参加者アンケートを見ると、とても気持ちが楽になりましたという回答が多くありました。また、同じ公務員でも教員の異動には特別な情状が伴うという説明にはなるほどと思ったという回答が多くありました。それをまとめると以下の通りです。

A　役所勤めの公務員は、部署の異動があると、まったく違う仕事をすることが多い。

B　しかし、教員はどこの学校に異動しても教科指導や生活指導などの大枠は変わらない。

C　ところが、それぞれの地域・学校で指導の仕方が微妙に異なる。

D　それまで培ってきた自分の指導法と異動先で求められる指導法が異なるときがある。

E　だから、これまでの指導法と異動先の指導法の両者との間に折り合いをつけなければならない。

F　これが精神的な負担となることがある。

逸る気持ちを抑え、要求は1つにして、
できたときに大いにほめることが大切。

一点を引き上げると、他も引き上がるもの

[問題の改善の進め方]

この「一点を引き上げると、他も引き上がるものだ」というフレーズは、経営コンサルタントの故・船井幸雄さんが言われていた「長所伸展法」からヒントを得てつくった言葉です。

船井さんは、「長所伸展法」を次のように説明しています。

「机の上にハンカチを広げてごらんなさい。そのハンカチのどこでもよいので1か所を持ち上げてください。すると、他のところもチャンと上がってくるでしょ。当たり前ですが、物事がよくなる原理・原則はこうしたものです。あれもこれも一度によくしようと思わないで、まずは一点をよくすること。すると他もよくなってきます」

（船井幸雄『長所伸展の法則』（ビジネス社））

実にわかりやすく、イメージしやすい表現で、私は「ハンカチ理論」と呼んでいます。

このフレーズは、学級経営においても当てはまります。

例えば、学級全体にやや緩みが出てきたとしましょう。**担任はあれもこれもやれなくなったと思い、一度にたくさんのことを子どもたちに要求しがち**です。すると、ますますやれなくなってきている点が目に入り、さらに要求を付加してしまいます。

船井さんの「ハンカチ理論」は、そうした逸る気持ちを抑え、要求は1つにして、それができたときに大いにほめることで、他も改善されると言っているのです。私は、過去にこの船井理論の確かさを実体験したので、実感をもって担任にアドバイスをしていました。

「立て直しにあたって、だれもができることで、認めやすいことを1つ決めてください。例えば、『給食配膳完了時刻12時35分』など、子どもも合意のうえで具体的に決めるのです。他ができていなくても目をつぶるのです。大切なのは、給食の配膳完了時刻達成に全員で集中することです。子どもたちが本気になれば、すぐに達成できるでしょう。そのときは、全員で大いに喜び、先生は子どもたちを大いにほめてやります。しばらく続けて定着したら、次は2つほどの目標を決めて取り組みます。**一点を引き上げると、他も引き上がるものです**」

「ハンカチ理論」は単純ですから、子どもにもよく伝わります。要は、教師が子どもを信じて、真剣に取り組むことです。

「ハンカチ理論」は、指導助言の依頼を受けている学校でも伝えることがあります。例えば、研究テーマとして「自ら学習に取り組む子どもを育てる」と掲げた小学校がありました。研究主任と話し合い、「振り返り」を軸にこのテーマの達成を目指すことにしました。しかし、すべての教科で振り返りを日常化するのは大変です。そこで、**どれか1教科でよいので、振り返りを徹底することに決め、取り組んでいただきました。**

振り返り（デジタル入力）を子どもが行い、教師はそれに必ず何らかの反応をする（スタンプを押す等）ことを継続した成果は、子どもたちの授業での様子で十分にわかりました。

・教師が指示しなくても、子どもたちは自ら振り返りを入力する。振り返りをさせられているのではなく、自ら振り返っている。振り返ることのよさがわかってきている。
・振り返りに、自分なりのめあてを書く子どもが増えてきた。自分の理解について、素直に書く子どもも増えてきた。
・授業開始時に、前時の振り返りに目を通すことで、今日のめあて（自己目標）を書く子どもが現れた。
・今日の授業のねらいとしたいことを書いている子どもを教師が意図的指名することを続けた結果、振り返りの質が向上した。

このように、一点の引き上げは、他にも好影響を生むことが実証できました。

教職員の不安の解消は、重要な仕事。
タイミングにも配慮しつつ、
ポジティブな思考への転換を促したい。

自分に起こることは、「必要・必然・ベスト」と捉えよう

[不安の解消、ポジティブな思考への転換]

このフレーズ「自分に起こることは『必要・必然・ベスト』だと捉えよう」の原典は、経営コンサルタントの故・船井幸雄さんの言葉にあります（船井幸雄『すべては「必要、必然、最善」』（ビジネス社））。調べてみると、有名な経営者であった故・松下幸之助さんも「この世に起こることは全て必然で必要、そしてベストのタイミングで起こる」と言われていたようです。

このフレーズを発することは、現役教員のときだけでなく、大学人となった今でも結構あります。自分の思い描いたように事が進まず悩んでいる教職員や学生に助言をするときに伝える言葉です。時には、自分自身に向けて「これは自分にとって『必要・必然・ベスト』なのだ」と発することもあります。

船井さんや松下さんの真意まではわかりませんが、私はこのフレーズを「起こったことは仕方がない。前向きにとらえるしかない。今は心情的に落ち着かないかもしれないが、やがてこのことは『必要・必然・ベスト』と考えることができるようになると信じよう」と解釈しています。

年度替りの時期には、考えもしなかった異動、未知の校務分掌の割り当て、対応が難しい保護者の子どもの担任など、自分が思い描いていたことと違ってしまったことで、マイナスの気持ちを抱いてしまう教職員がいます。スクールリーダーなら、その相談を受けることもあるでしょう。そういったときに有効なフレーズの1つが、この「**自分に起こることは『必要・必然・ベスト』だと捉えよう**」です。

もっとも、**こうした状況を自分自身が相手に与えている場合、このフレーズを使うタイミングはよく考えることが大切**です。

その典型的な例が、学校異動や担任配属です。どの学校でもそれらを伝えるのは校長です。判断した立場の者から、「あなたに起こることは『必要・必然・ベスト』です」と言われたら、他人事のように思っていると誤解される恐れがあります。

様々な事情がある中で、その教職員にとってこの判断が一番よいと思ってのことなのですが、それがなかなか理解してもらえず、苦悩される校長は少なくないと思います。私自身がそうでした。人事や校内組織決めを何度経験しても、すべての教職員から納得してもらうことはできませんでした。もちろん、教職員は組織人ですから、「思うようにならず残念です」といったひと言をもらうことはありながらも、指示が通らなかったことはありません。しかし、「残念」という言葉は、かなりの間、心の中に残るものです。

年度末になって、「この仕事をしてほしいと言われたときには、『どうして私が!?』という気持ちになりました。でも、実際やってみると、とてもやりがいがある仕事で、取り組んでみてよかったとつくづく思いました」と、とてもうれしい言葉を届けてもらったこともあります。しかし、こうしたプラスの言葉は、残念ながらなかなか届かないものです。このように思っている教職員は他にもいるはずと信じることにしていました。

異動等を告げるとき特に留意したいのは、**それまでの取組に対して改めて十分感謝した後に伝える**ということです。これは、教頭時代にある教職員から教えてもらいました。

「この学校に10年も勤めたのですよ。それなのに、異動先を告げられただけで、私の10年について、校長は何も触れませんでした。自分のがんばりを認めてもらっていないように感じて、とても寂しい気持ちです。校長になったときには、このような気持ちをもっている教職員がいることを忘れないでくださいよ」

次年度から校長となる自分にとって、「必要・必然・ベスト」の助言でした。

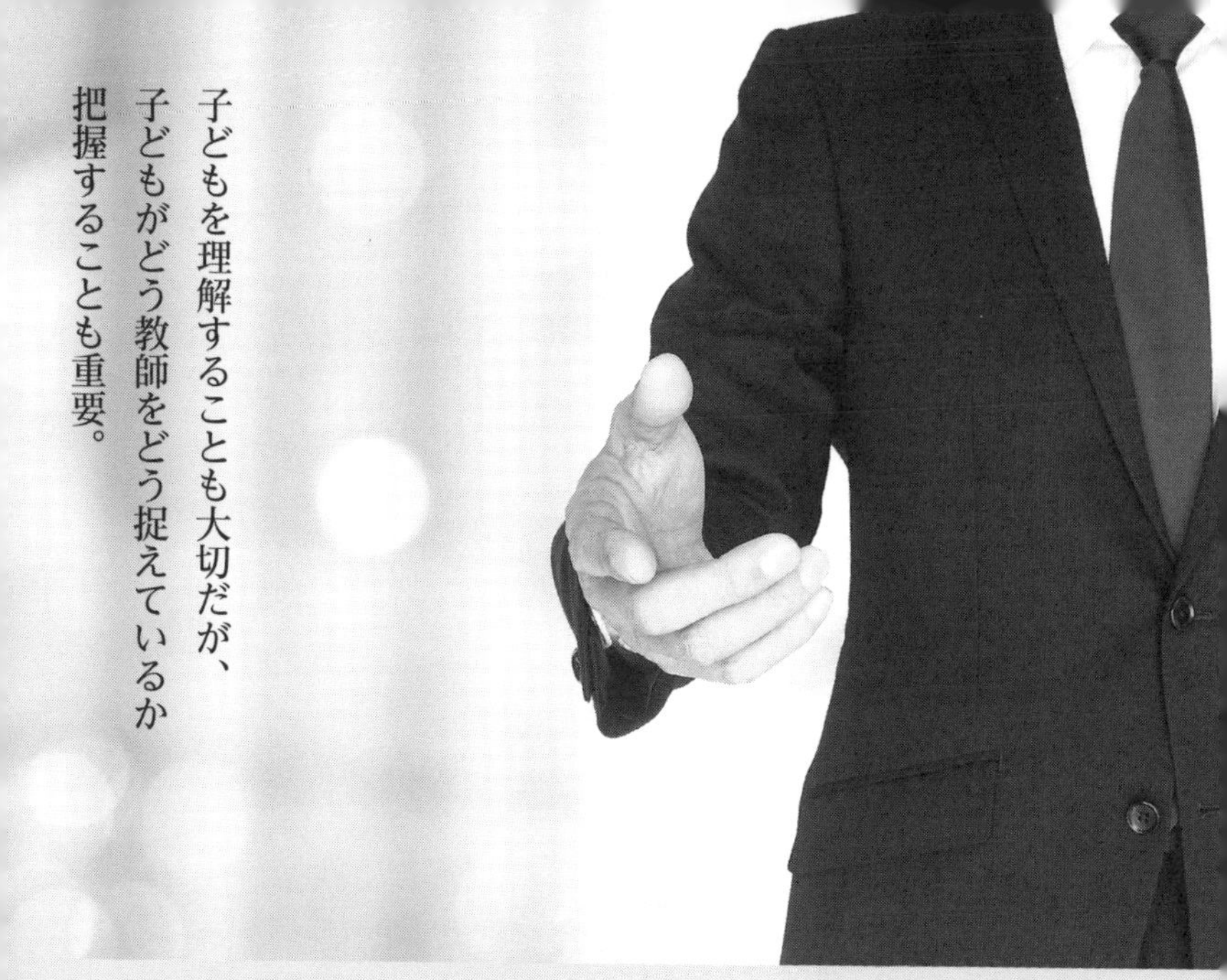

子どもを理解することも大切だが、
子どもがどう教師をどう捉えているか
把握することも重要。

子どもから
どう思われているかが大切

[子ども理解の前にあるもの]

野口芳宏先生の著書『教師の心に響く55の名言』（学陽書房）に「生徒理解より教師理解が大事（元校長・青木剛順）」という言葉があります。

まずはじめに、「生徒理解より教師理解が大事」の私の解釈を記しておきます。

教師は子どもを理解することが大切ですが、それよりも「自分は子どもからどのように理解されているのか」、平易な言葉で言えば「子どもは自分に対してどのようなイメージをもっているのか」をつかむことが大事だと、青木先生は言われています。

子どもが教師に対してよいイメージ、例えば、よく話を聞いてくれる、自分のことをわかろうとしてくれる、自分を信用してくれるなどと思っていれば、教師が子どもに伝えたことは、確実に子どもの心の中に入っていきます。その逆の場合、子どもは心を開かず、聞いているふりだけで、何も伝わらないでしょう。

これらのことを称して「生徒理解より教師理解が大事」と言われているのです。そして、このフレーズを私なりにさらに平たく表現したのが、「**子どもからどう思われているかが大切**」です。

私がアイデアを出して実用化されている子どもと教師をつなぐネットワークシステムに

「心の天気」（株式会社ＥＤＵＣＯＭ）があります。

「心の天気」は、子どもが今の心境を「はれ」「くもり」「あめ」「かみなり」の４つの記号から選び、クリックするだけのシステムです。教師にひと言伝えたいことがあれば、書き込むことができます。教師は、子どもたちの心の元気記号を見るだけです。

例えば、ある子どもが「かみなり」を押したとします。きっと教師に今の自分の気持ちを伝えたいという思いがあってのことでしょう。子どもと教師がつながる機会だと捉え、教師がひと言かけただけで子どもが安心した、という声がたくさん届いています。


次の文章は、初任教師が「心の天気」で自分自身が助けられたという報告です。

「４月はまわりの友だちや私の様子を伺って、静かに座っていた子どもたちも、クラスに慣れ、『魔の11月』と呼ばれる2学期の半ばになると、様子が一変しました。授業中に教室を飛び出してしまうことがほぼ毎時間起こり、ちょっかいのかけ合いから殴り合いのけんかになってしまったり、下校の時間になっても『帰らない！』と言ってランドセルも持たずテラスから飛び出し学校を出ようとしたり、時には、『もう家に帰る！』と言って授業中に運動場まで逃げ回ったりと、授業どころではない状況でした。

そんな日々が続き、『お願いだから、だれも大きなけがはしないでほしい』『生きて家まで帰ってほしい』『他の先生がこのクラスの担任だったら、きっとこの子たちはもっと穏やかな学校生活を送れていたのかもしれない』と思っていました。

12月の最終週、1週間学校を休んだことがありました。『子どもたちは私のことなんか忘れて、他の先生と楽しく授業をしているのだろう』と思っていました。しかし、『心の天気』で子どもたちから『先生に早く会いたい』『先生がいなくてさみしい』とメッセージが届きました。2学期が終わり、冬休みになってからも『先生、元気になりましたか』というメッセージが届きました。それを見たときには、涙が止まりませんでした。毎日注意してばかり、うまく叱ることもできない私のことを、1人の先生としてクラスに必要だと感じているのだと、子どもたちに認められたような気がしました」

これは、子どもから教師である自分の存在価値を伝えられ、精神的に回復した教師の言葉です。**子どもからこんなにも慕われていると自覚できることは、教師ならどれほどうれしいことか**、よくおわかりいただけると思います。「子どもからどう思われているかが大切」の重要性を示す好例と言えます。

理想の教師像は「信・敬・慕」で表せる。
包み込むような温かさがある教師は、
子どもから慕われる。

子どもから信じられ、敬われ、最後は慕われるとよい

[理想の教師の在り方]

野口芳宏先生は、著書『教師の心に響く55の名言』（学陽書房）の中で、理想の教師像を「信・敬・慕」の3つの漢字で表現されています。

信＝子どもから信じられ、頼られる
敬＝子どもから尊ばれ、敬される
慕＝子どもから親しまれ、慕われる

野口先生の講演で、「信・敬・慕」の三文字が意味していることを直にお聞きし、深く納得しました。それ以後、この「信・敬・慕」は、機会あるごとに教職員に紹介するフレーズになっています。伝えるにあたって、「**理想の教師は、子どもから信じられ、敬われ、最後は慕われる**」と言い直しています。

野口先生は「信・敬・慕」の説明の中で、「慕」を次のように言われました。
「理想の教師は、子どもから信頼され頼られること、さらに尊敬されることです。しかし、それだけではいけないのです。先生と別れた途端、すぐにまた会いたいと思われる教師、離れがたいと慕われる教師であるべきです」と、特に「慕」のイメージを補足されました。

慕われる教師像がこの表現ではっきりし、子どもだけでなく、教職員からも慕われる自分でありたいと思ったことをよく覚えています。

私は現在教育学部に勤めているため、教員採用試験（以後、教採）前になると、面接指導の依頼を受けます。

教採面接の質問では、必ず教師を目指す理由を尋ねます。これまで何百人もの学生から教員志望理由を聞きましたが、ほぼ9割の学生が恩師との出逢いを理由にあげました。これはとても興味深いことです。進路決定にあたって、その学生に関わった教師が大きな影響を与えているわけです。

どのような恩師だったのかと質問を重ねてみると、「自分が苦しいときに励ましてくれた」「消極的な自分を変えてくれた」「自分のよいところを伸ばしてくれた」など、その学生の人生に好影響を与えた恩師像が見えてきます。恩師を信頼し、尊敬していることを言葉の端々から感じますし、それ以上に、学生はその恩師をとても慕っているのだと感じます。

このように、教採面接からも野口芳宏先生の理想の教師像「信・敬・慕」を思い出すことがしばしばあります。

長い教員生活を振り返ると、子どもに慕われていた何人もの教師との出会いがありました。慕われる教師からは、みな同じく人間的な温かさを感じます。

私が勤めていた中学校の養護教諭が、まさにこの理想の教師でした。中学校の保健室は、体調が悪い子どもばかりではなく、授業を受けたくない子どもがやってきます。次から次へと子どもが入室することも珍しくありません。経験豊かなこともあって、子どものたまり場になっても、保健室が乱れません。厳しくすべきときの対応は見事でした。

多くの子どもに慕われていましたが、特に1人の子どもが慕っていました。学級担任は遅刻や早退を平気でするその子どもに困っていましたが、養護教諭の言葉はしっかりと受け止めていました。その理由を探ってみると、養護教諭は長年の経験から、その子どもが抱えている家庭の問題を推測して、子どもの深い悩みを言い当てたようで、それ以後、その子どもの保健室来室が増えたようです。若い学級担任は、人生経験も浅く、その子どもを包み込むような対応が難しいのは致し方ありません。

私は、学級担任がすべての子どもから慕われる必要はないと思っています。**校内に、それぞれの子どもが心を開き、慕うことができる教師が1人いればよい**と願っています。不登校特例校が、担任を指定せず、全教職員が関わる体制をつくっているのは、こうした考えがあってのことだと理解しています。

第2章

授業者の心を動かす13のフレーズ

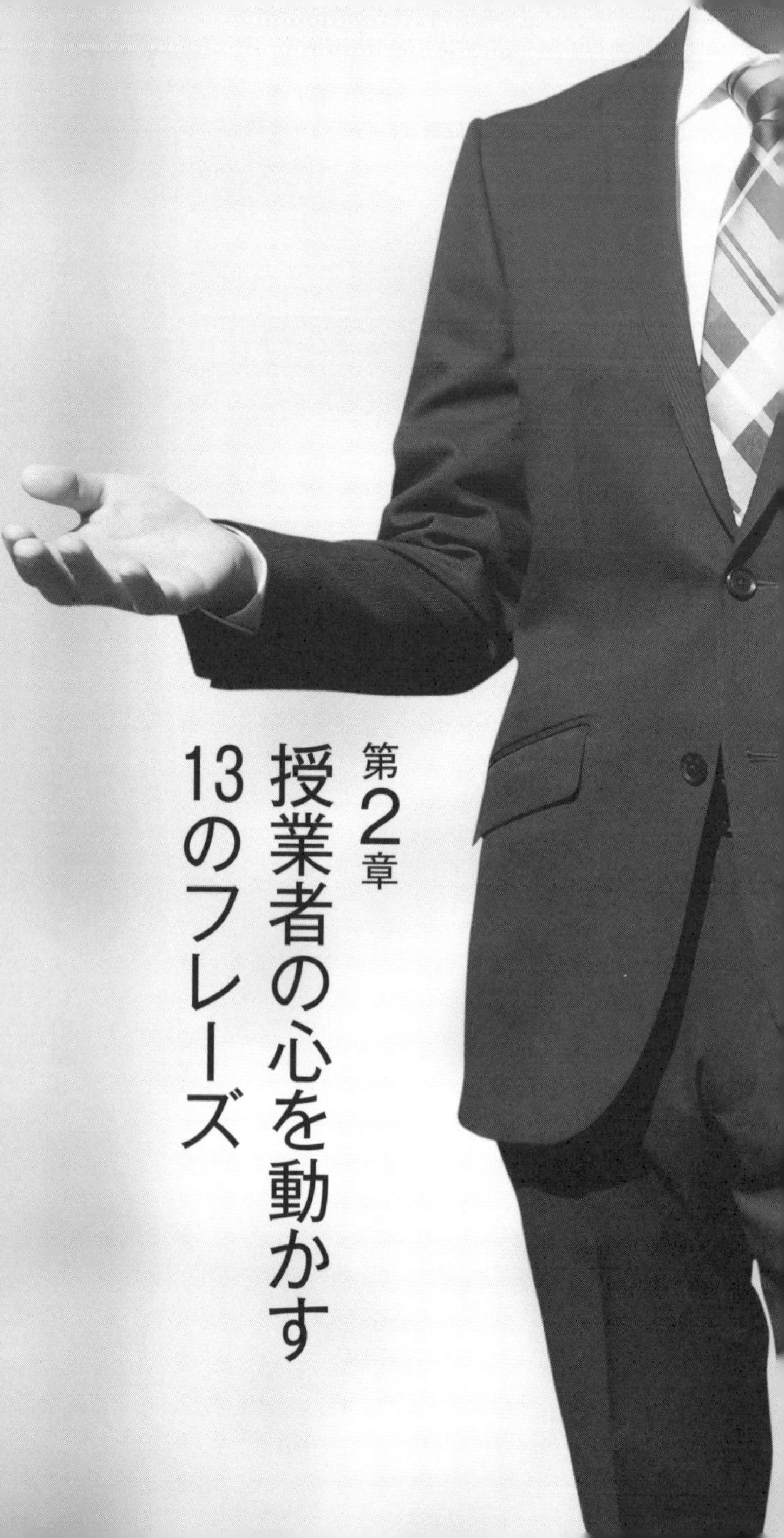

子どもに向けて放った言葉は、
後から回収することはできない。
言葉は慎重に選びたい。

保護者が教室の後ろにいると思って授業をしよう

[子どもに対する言葉づかい]

川上康則先生の著書『教室マルトリートメント』（東洋館出版社）が注目を浴びています。「教室マルトリートメント」とは、川上先生がつくられた言葉で、私なりにまとめてみると、次のようになります。

「本来、教師とは子どもたちの成長や発達を応援する立場。それと異なる立場で行う指導は、基本的に教室マルトリートメントである。体罰やわいせつ行為といった違法行為も含むが、それ以外にも、ネグレクトに類似した関わり（例えば、ほめるべきときにほめない、子どもの話を聞かない、必要な支援を行わない、など）と、心理的虐待（威圧的・高圧的な指導をする、事情を踏まえず頭ごなしに叱る、など）に類似した関わりがある」

読者の先生方の学校には、この事例に当てはまるようなケースは見られないでしょうか。私が校長をしていたときは、教室や運動場から聞こえてきた教員の声に眉をひそめたことが、一度や二度ではありませんでした。もっとも、自分自身もかつては同様に感じられ、心配されたことがあったはずと反省したことも多々ありました。

教師が「自分は指導する立場、子どもは指導を受ける立場」、言い換えると、**「自分は上、子どもは下」と思い込むと、発する言葉に歯止めが効かなくなることがあります。**

「自分はこの子どもをよくしたいと思って指導しているのだ、間違ってはいない」などと、自分に酔ってしまうのでしょう。子どもも、時には涙を流しながら聞いていますし、否定もしないので、さらにこれでよいのだと思い込んでしまうのです。「冷静になってみて、私はとても酷い言葉を発していたことに気づき、背中に冷汗が流れました」と深く反省をしていたベテラン教師もおられました。

ここで紹介した教師のふるまいは、決して許されるものではありません。教職員がそうならないよう戒めるためのフレーズが、「**保護者が教室の後ろにいると思って授業をしよう**」です。

この言葉の説明は不要だと思いますが、人は、第三者に見られていると思うと、何事にも冷静になれるものです。

若いとき、「覆水盆に返らず」という言葉を教えてもらいました。「一度起きてしまったことは二度と元には戻らない」という意味で、「**放った言葉を回収することはできない。慎重に言葉を発しなさい**」と指導を受けたことがあります。意図は「保護者が教室の後ろにいると思って授業をしよう」とまったく同じです。

私の大学での授業をいつのまにか保護者が耳にしていたということがありました。コロナ禍でオンライン授業をしていたときのことです。

受講学生が病院へ移動しなければならない時間と、私の授業時間が重なってしまったのです。真面目な学生なので、「移動する車の中で授業を受けてもよいか」と確認がありました。どこにいてもできるのがオンライン授業のよさでもあるので、当然認めました。

授業をしながら、その学生がまさか車を運転しながら授業を受けているのではないだろうかと一抹の不安があったので、確認しました。すると、お父さんが運転している車の後部座席で、スマホで受講しメモを取っているとのことでした。その姿勢には感心するばかりでした。

次の授業でその学生に会ったとき、思いもよらない報告がありました。私の授業をお父さんがお聞きになり、「この講義はとても質が高い。お父さんもその資料がほしい」と言われたとのこと。意図しないところで、「保護者が教室の後ろにいる」状況で授業をしていたということです。

ありがたいと同時に、身の引き締まる思いがしました。

授業のねらいは、
そのねらいが達成できたときの
子どもの姿で語りたい。

授業が大成功したら、子どもはどんなことを言ったり書いたりしますか？

［授業を通して望む子どもの姿、変容］

学習指導案をいただき、指導助言を求められたときに相手に伝えるのが、「この授業が大成功したら、子どもはどんなことを言ったり書いたりしますか?」です。

授業は子どもたちの変容を願って行うわけですが、その子どもたちの姿を具体的に描くことなく授業に臨み、教師が出るべき場面を見逃してしまう例を多く見てきました。これは、そうした経験が基になって生まれたフレーズです。

例えば、次のようなことがありました。

指導案のねらいに、「読みを深めさせる」という文言があったので、授業者に次のように問いかけました。

「『読みを深めさせる』というねらいですが、**この授業が大成功したら、子どもはどのようなことを発言したり、書いたりするのですか?**」

つまり、ねらいを達成した子どもの姿を尋ねたのです。しかし、授業者からは、

「読みを深めるわけですから、読みを何度もして…」

と、曖昧な返答しか得られませんでした。

そこで、改めて2人で「読みを深めた子ども像」を話し合いました。イメージが一致し

たのは、作者が接続詞の前後で文意を変えていることや、各文の語尾が同じにならないように工夫していることに子どもたちが気づけば、「読みを深めた」と判断してよいということでした。

こうして事前に子どもの具体的な姿でねらいをシャープにしておくと、教師が子どもにかける言葉も違ってきます。適切な価値づけができるのです。このときの授業では、まさにイメージした通りの子どもの発言があり、教師は次のように価値づけました。

「『ところが』という接続詞に目をつけて、その前後の文で、作者の考えが変わっていることがわかったという意見はすばらしいね。接続詞の役割がよくわかったね」

こうした指導言を発することができる教師でありたいものです。このように級友の発言を価値づけできる子どもはいません。これこそ教師の仕事です。

私が関わらせていただいている学校では、「指導案は必要最低限でよいので、授業のねらいと授業が大成功したときの子どもの姿を明記してほしい」と伝えています。とはいえ、指導案の形式はそれまでと変わりません。

「授業大成功時の子どもの姿」を文章化することの効果は、確実にありました。**ゴール**

を子どもの姿でイメージしておくと、仮に予想外の展開となっても、授業で向かう先がブレないからです。

例えば、算数で「どのような形の面積もこれまで学んできた面積の求め方を組み合わせればできる」と子どもが発言したり、書いたりすることを目指すとしましょう。

仮に子どもが「線を引いて考える」「2つに分けて考える」、あるいは「大きなものから余分なところをひく」といった発言をしたとしましょう。それだけでは、なぜ「線を引くのか」「2つに分けるのか」「大きなものからひくのか」という考えの根本的な理由が明確ではありません。ところが、アプローチの仕方が正しいので、教師はこの発言で認めてしまいがちです。目指す子どもの姿を文章化しておき、「いつも2つに分ければいいの？」「どういうわけで2つに分けるの？」などと突っ込みを入れることで、より本質（これまで学習した面積の求め方の組合せと捉える）に近づけることができます。

目指す子どもの姿の文章化は、教材研究の深さが問われることに気づかれたでしょうか。指導書等に掲載されている「ねらい」をそのまま転記して指導案を作成することを否定はしませんが、ねらいが達成できたときの子どもの姿を明確にしておくことを忘れてはいけません。

まずは、教師がマインドを
変容させることこそ重要。
教師もギラギラとした目でありたい。

キラキラ授業から ギラギラ授業へ 転換しよう

［よりよいものを追究する子どもの育成］

ここでは、第1章でも紹介したエピソードを、いま一度紹介します。

校長時代に角田明先生（神奈川県茅ヶ崎市の教育行政と学校現場とを往復しながら指導主事や指導課長、教頭、校長等を歴任された方）をお招きしたときのことです。

2日間にわたって多くの授業を参観していただいたうえで、新入生の保護者に向けて、「中学生をもつ親の在り方」と題して講演していただきました。

「この学校には昨日から来て、たくさんの授業を見せてもらいました。どの教室の子どもも、目がキラキラしているのですよ」

これを耳にした私は、保護者対象の講演ということも踏まえて、我が校の生徒を随分とほめてくださったとうれしく思いました。ところが、その直後です。

「だからダメなのです。中学生の目がキラキラしていてはいけないのです。中学生の目は、ギラギラしていないといけないのです。もっとよい考えや方法はないのか、わかりやすい伝え方がないのか、この情報は本当なのか…などと追究心に満ちているときには、目はギラギラしているはずです。この学校にはそれが足りません」

この言葉には参りました。返す言葉がありませんでした。

「校長にはよく話しておきますから、4月からは安心してお子さんを通わせてください」

最後は私へのエールでした。

このエールにしっかりと応えなくてはいけません。さっそく、次年度の学校教育の目標の1つに「**キラキラ授業からギラギラ授業へ転換しよう**」を加えました。

この教育の目標は、授業づくりのイメージを示したものです。方法を提案したものではありません。いわば、**教師のマインドを転換しようというもの**です。

GIGAスクール構想によって、1人1台端末が配備されました。現在では、より「キラキラ授業からギラギラ授業への転換」はしやすいと思います。情報端末によって一人ひとりの関心に応じて、情報検索などが容易にできるからです。それまでは、教科書と資料集という限られた情報から必要な情報を探し出すことが基本でした。一方、情報端末を使えば、ネット検索によって、生徒でも瞬時に膨大な情報を手に入れることができます。ただし、その情報は教科書や資料集に掲載されるような確かな情報ではないので、その真偽も確かめる必要があります。

このことをプラスに捉えれば、「他にわかりやすい情報はないのか」「さらに詳細な情報、新しい情報は見つからないのか」「この情報の発信元は信頼してよいのか」など、ギラギラと追究をすることが必要なのです。ネットで手にした情報をそのまま鵜呑みにして、目をキラキラと輝かせているような子どもではいけません。

最近AIを駆使したChatGTPという、質問文を入力すれば、文章によって返答してくれるシステムが登場しました。AI、すなわち人工知能はますます身近で有用なものになります。したがって、これからの子どもたちに必要な能力は、的確に質問できる力と、応答文の読み取り、その情報の妥当性や正誤を見極める力です。まさに、ギラギラした目で追究していく子どもを育てなくてはいけません。

もちろん、こうした能力は大人にも大いに必要です。ギラギラ授業は、「教師のマインドを転換しようというもの」と先に述べました。情報端末という道具を使いこなすための大切な心構えを子どもたちにもたせることが、ますます必要になるでしょう。

そのためには、**授業では自ら情報を収集する場面、それらを整理する場面、さらにはわかりやすく表現する場面などを意図的に設定することが必要**になります。こうしたことを授業設計の中に自然に入れる教師こそ、新時代を踏まえてマインドを変容させた教師なのです。

子どもの思考の流れに沿って、
無理のない授業展開が考えられているか。
参観者が指導案を確かめる授業ではいけない。

流れがさぁっと言えない授業は成功しない

［授業準備、授業づくりの要点］

若い教師の研究授業を見ていると、教卓に置いた指導案にときどき目をやり、子どもから視線が離れてしまっていることがあります。指導案を見てはいけないとは言いませんが、授業の流れが頭に入っていないのだろうかと心配になります。

かくいう私自身も、先輩教師から「視線が子どもに向いていないことが多過ぎる」と言われたことがあります。指導案に記した発問を読み上げるようなこともあったと思います。板書に気を取られ、子どもの発言を十分に把握できなかったことも多々あります。

私が国立大学附属中学校に勤めていたときの校長である甲斐睦朗先生は、「子どもに背を向けた教師は鉄砲で撃ってやれ」と言われました。つまり、子どもの一挙手一投足から目を離すなということを強い表現で言われたのです。驚くのは、甲斐先生は国語学の研究者であって、小中学校で授業をされた経験は皆無だったことです。その甲斐先生が、教師の子どもへの視線を重要視する指導をされたので、鮮明に覚えています。

私は、「流れがさぁっと言えない授業は成功しない」と伝えてきました。指導案をその都度確認しなければならない流れであったとしたら、それはどこかに無理があるのです。**よい授業は、子どもたちの思考の流れに沿って無理なく展開できるもの**だからです。

指導案を提示して授業を行うとき、事前にどのような準備をするか。スクールリーダーとして、質問をしたり、教員間で情報交流をしたりしたことはあるでしょうか。

かつて授業がうまいなと感じていた先輩に尋ねたことがあります。その先輩は、シミュレーションをしているということでした。

具体的に言うと、指導案に沿って、教室で授業をしていると想定して実際に声を出す、板書をする、話し合いを指示する、机間指導をする、意図的指名をする、などをしてみるとのことでした。ただし、シミュレーションですから、実際に板書などをするわけではありません。すべて頭の中で想像しながら授業をしてみるのです。そうしてみると、途中で、「あれっ？」と思うことが出てくるそうです。そのときは、授業の流れが自然ではないのだと言っておられました。

この先輩の話は、その後の私の授業準備に大きく影響しました。例えば、指導案では「導入　負の数に関心をもたせる」と書いていても、実際に「負の数に関心はありますか？」と聞くようなことはしません。「ここにある日の天気予報図があります。こちらの地方ではまずない気温が表示されている地方がありますが、気づいた人は手をあげてください」などと授業を始めます。ほんの少しシミュレーションをしただけで、自分が指導案を作成することだけに注力していたことを痛感しました。

こうしたシミュレーションをしていれば、授業の流れはさぁっと言えるようになります。心の余裕も生まれます。子どもに多くの視線を注ぐこともできます。

授業は計画通り進むものではありません。しかし、事前にシミュレーションをしていれば、その状況に応じて、臨機応変に対応できるものです。

附属中学校に勤務していたときは、毎年研究発表会を開催し、多くの方に授業を見ていただきました。研究主任をしていたときに気づいたことは、**授業の良し悪しは参観者の視線で判断できる**ということです。

参観者が授業の流れや対応に疑問を感じることが多い授業では、参観しながら指導案を確かめることが多いのです。一方、子どもと教師が一体となって進んでいる授業では、参観者は授業を楽しみながら見ています。参観者に実際の授業と指導案を比較させてしまうような授業は、どこか問題があると言ってよいと思います。

「さぁ、がんばろう」という子どもの
気持ちを、導入で失わせていないか。
導入は授業の成否を左右する。

それは全員の気持ちが高まる導入なのか

［授業の導入の要点］

授業の導入に際して、一番重視すべきことは何でしょうか。

様々なことが考えられますが、私は経験から次のように伝えています。

「それは全員の気持ちが高まる導入なのか」

これは、授業を受ける子どもの側に立って考えたフレーズです。授業の導入は、その授業の成否を左右するとも思っています。それは、若いころの授業研究会で、先輩教師からいただいた助言が強く印象に残っているからです。

次のような内容でした。

「導入が重たいと思うのです。子どもたち全員が授業を受けようという気持ちをもっているとしましょう。**その気持ちをさらに高めるのが導入**だと考えています。

今日の授業の導入発問は、優秀な子どもだけが答えられる問いでした。研究授業でたくさんの先生たちが見に来ているのでがんばろうと思った子どももいるでしょう。しかし、あの問いで、その気持ちを萎えさせてしまった気がします。授業開始時から、『今日の授業はついていていけない』と感じた子どもが、何人かはいたと思うのです」

とても説得力がある話でした。

それ以後、授業の導入を考えるときには、先輩教師の助言を思い出しています。

若い先生方とよりよい授業づくりの勉強会をしていて、授業の導入について感じたことがありました。

小学4年のある算数授業の提案がされたときのことです。その説明を聞いているうちに、子どもより自分を優先している導入だと感じ、「厳しい助言をしますが、その導入では授業は失敗します」と断言してしまいました。

その教師が考えていた授業は、ワールド・ベースボール・クラシック（WBC）の試合結果が下敷きになっていて、導入も野球の話題から入る提案でした。本人は野球をすることや観戦が大好きで、子どもたちも野球に関心があると思い込んでいるのです。

「確かに、WBCで日本中が盛り上がりましたが、全員がそれに関心があったわけではないのでは？　WBCと聞いても、何のことなのかさっぱりわからない子どももいるかもしれません。野球に関心がある子どもたちと先生が楽しそうにやりとりをしながら授業が進むのを静観している子どもが何人も生まれないか心配です。**全員の意欲が高まる導入なのか**。その点をいま一度考えてみてください」

そう伝えました。

ここで確認しておきたいのが、WBCを導入の話題にすること自体を否定しているわけではないということです。そこで、なんとか知恵を出して考えた導入が、次のようなものです。

①（背番号が見える）大谷翔平選手の雄姿を見せる。
「この写真にある数字をすべて見つけてください」
（数字を見つけることはだれでもできる）

②大谷選手の背番号16に注目させて、16の合成分解（例 2×8）を示す。
（小学4年生なら理解できる）

③各自で加減乗除を活用して、16の合成分解をさせる。
（ここまで導入完了）

この提案に対して、その教師は納得し、「おもしろいし、だれもができる。子どもたち全員の気持ちが高まるに違いありません」と言ってくれました。

さらに、ホームラン王となった村上宗隆選手の背番号は55。大谷選手（16）と比べると、積に分解したときには、その個数に違いが生まれます。算数の課題としても、さらに興味を広げさせるよい材料が出てきます。こうした情報を提供したところ、「導入を考えるだけでも授業はおもしろいですね」と、会話を交わすことができました。

教育活動は「はじめに子どもありき」。
長年続けてきた教育活動でも、
子どもを軸に置いて振り返るべき。

子どもは本当にそうしたいと思っているのか

［子どもの心に寄り添った教育活動］

私が大切にしている言葉に「はじめに子どもありき」があります。これは平野朝久先生の書籍タイトル（東洋館出版社）になっている言葉です。書籍の中では、次のように「はじめに子どもありき」を語っておられます。

「本来、子どもの学習および教育は、その子どもが今何を考え、感じ、求め、困っているか等々の事実を出発点として、絶えずそこに立ち返らなければならない。進むべき方向もそこから考えることになる。すなわち、『はじめに子どもありき』でなくてはならない」

例えば、学校の企画委員会で様々な提案がなされたとき、「**子どもは本当にそうしたいと思っていますか？**」と尋ねるようにしていました。

もちろん、すべての教育活動において子どもの思いを優先しようという意図ではありません。しかし、その教育活動で目指すことと子どもが感じることの距離が遠ければ、よい教育活動ができるとは思えません。そうでないことを再確認する意味でも「子どもは本当にそうしたいと思っているのか」を問いかけるのです。

かつて、子どもに毎日の生活を振り返らせるために、朝から寝るまでに行った事項や、その日に感じたこと、主に反省を特製ノート「生活記録」に書かせていたことがあります。

今なお、その取組を続けている学校があると聞きましたから、40年近く続いている取組です。このように長く続いていることにはそれなりの教育効果があるということですが、この取組について見直すことが一切なされていないのではないかと心配しています。

第一に考えたいのは、「子どもは本当にそうしたいと思っているのか」です。そして、**「教師も本当にそうしたいと思っているのか」を問い直すべき**です。この取組が始まった経緯を、今となっては知ることができません。もちろん、特製ノートまで作成しているのですから、相当な理由があって開始されたのだと思います。しかし、そのときの状況と現在はかなり変化しています。その変化を踏まえて、年度の切り替え時期などに振り返るべきです。

毎日の学校生活の中で、合唱をすることが日常となっていた学校に勤めたことがあります。帰りの会で必ず合唱隊形となって歌うこと、修学旅行先でも公園や駅構内で合唱することが伝統となっていた学校でした。

帰りの会の時間になると、校舎のあちこちから歌声が聞こえ、この状況にまさに学び舎というイメージが湧き、ここに勤めていることを誇りとしていました。実は、異動前の学校では、全員が大きな声を出して歌うことができない状況だったからです。だからこそ、この学校の伝統はすばらしいと感じていました。

ところが、ある子どもが、学級の時間に「僕たちは歌いたくない。なぜ帰りの会で毎日歌わなくてはいけないのだ。なぜ強制されるのだ」といった発言をしました。合唱をしている様子を見ていて、とても自ら歌おうとしているとは思えない子どもだったので、そうした発言をしたのは理解できたのですが、こうして改めて合唱の意義を問われると、「この学校の伝統だから」というひと言ではとても収まりません。子どもの心の発露でした。

もともと歌うことが好きな子ども、学級がまとまるための1つとして合唱があると考えている子ども、他の学級が歌っているのだから歌えばいいという子ども、強制されて歌うのはよくないのでやめればいいという子どもなど、様々な捉え方が発表されました。

覚えているのは、**自分は子どもたちに歌う意義を伝えたことがなく、子どもたちは本当に歌いたいのかと考えたこともなかった**ことです。合唱はまさに心があって聴き手に伝わるものですから、根底に置いておかなければならないことが揺らいでいる状態では、とてもよい合唱は生まれません。「はじめに子どもありき」を痛感した大切な学びです。

指導案を見せて助言してもらう姿勢は大切。
しかし、いざ授業が始まれば、
子どもと授業者の間に他者が入る余地はない。

最終的に授業展開を決めるのはあなた自身

［研究授業に臨む授業者のスタンス］

指導案を見せて助言してもらったために、かえって混乱している教師に出会ったことはありませんか。そのときに、どういう言葉かけをするでしょうか。

忘れてならないのは、指導案を見せて助言をもらおうとした姿勢をほめることです。そのうえで、私は「**最終的に授業展開を決めるのは、あなた自身です**」と伝えます。

助言をもらった身になると、助言いただいた方が授業を参観すると思うと、助言に従っていないと失礼になるとか、せっかくの助言をうまく生かせない自分を見られるのが怖いといったマイナス思考に陥るのは心情的に理解できます。だからこそ、「授業は子どもとあなたが一緒になって創るものであって、授業が始まったら他の教師が入る余地はない」と断言してあげたいのです。

多くの学校で指導助言をさせていただいている立場から言えることがあります。それは、指導案と実際の授業が一致することは少ないということです。**指導案に則りながらも、子どもの反応を第一にして進めると、指導案通りに進行しないことはあって当然**なのです。

丁寧な学校は、前日に「明日の指導案に変更がありましたので再送付します」とわざわざ届けてくださいます。丁寧さに感謝しつつ、授業になると、もっと指導案から変化することはあって当然なので、新たな指導案づくりに時間をかけず、授業者が手元でメモしておく程度でよいとも伝えています。根底で「最終的に授業展開を決めるのはあなた自身」と考えているからです。

授業後に議論を呼んだ授業（中学校数学）があります。指導案に示されていた、いわゆる集団追究が実際の授業ではなされなかったからです。「個別最適な学び」を授業で実現しようとすると、従来の集団追究場面の是非について意見が分かれることがあるので、参考までにこのときの授業を紹介しておきます。

その授業は、提示された事象に潜むきまりを見つけ、それを話し合うというものでした。事象提示後、３、４人のグループになり、それぞれのグループでどの子どもも積極的に考え、話し合っていたことは間違いありません。授業を参観していて、誰一人授業から離れておらず、互いに関わり合っている姿に惚れ惚れしました。

ところが、授業終末に近づいても、指導案に示された集団（全体）での話し合いに入る気配はありません。授業終了まであと５分というときに、「よく話し合いましたね。では、振り返りを書きましょう」と指示がされ、授業終了となりました。

議論を呼んだのは、「集団追究場面設定の是非」でした。授業は子どもたちと授業者が創るものですから、授業者の最終的な判断を全面否定する意見はありませんでしたが、疑問は出されました。「はじめから必要ではなかったのでは?」「なぜ全体での話合いをしなかったのか?」というものです。

これに対して授業者は、各グループでそれなりにきまりを見つけていたことと、誤ったきまりになっていたグループはなかったことで、改めて全体で話し合う意義がわからなくなり、迷っているうちに時間になってしまった、と心情を話してくれました。

互いの授業観まで深入りできるよい課題が授業検討会で出されたと思いながら、先生方の話し合いを聞いていました。結論が明確に出たわけではありませんが、子どもたちを一番把握しているのは授業者なので、判断を尊重したいが、各グループの考えをさらに高めるチャンスを失ったのではないかという意見から、各グループで話し合わせた時間についてまで議論が及びました。

私はこの場面でも「最終的に授業展開を決めるのはあなた自身です」というフレーズを使いながら、「皆さんとの振り返りも大切にして、今後に生かしてください」と伝えました。

教師の丁寧な指導が前面に出過ぎると、
子どもに真の学ぶ力はつかない。
「個別最適な学び」は、自分で自分を
高めていく力と考えたい。

教師はいつか子どもから離れてしまう

[個別最適な学びと協働的な学び]

授業中に、教師が一人ひとりにとても丁寧に指導している場面を見ることがあります。子どもと教師の関係もよく、子どもが「先生、これでいいの?」などと気軽に質問し、教師が傍らできちんと対応しています。特に、子どもの人数が少ない授業においては、こうした場面は多く、教師の丁寧さに頭が下がることがあります。

では、読者の先生方は、このような場面をどう思われるでしょうか。

実は、私はこうした場面を見たときに必ず伝えるフレーズがあります。それは、「教師はいつか子どもから離れてしまいます」というひと言です。「あなたはあの子どもに一生つき合えますか。それは無理なことですね。では、どのようなことを心得ておくべきでしょうか。それは、**教師はいつか子どもから離れてしまう**ということです」と助言します。

一番望ましい指導は、教師がいなくても自分自身で学ぶことができる力をつけることです。「学び方を学ばせる」とも言えますが、これは難しいことです。

自身の数学教師時代を振り返ってみると、「私の教え方はうまいでしょ? よくわかるでしょ?」という気持ちが人一倍強かったと思います。「数学の力がついているのは、先生の授業がよいからだ」と子どもから思われたいと考えていました。

しかし、もし仮にそうなれたとしても、担当が変わったとき、子どもに「玉置先生でないから数学ができなくなった」と思わせては、真の数学力をつける教師とは言えません。このフレーズは、こうした自省から生まれた言葉とも言えます。

２０２１年、中央教育審議会は答申の中で「個別最適な学びと協働的な学びの一体的な充実」を掲げました。この「個別最適な学び」と、ここで示したフレーズを、私は関連づけて考えています。「個別最適な学び」の一面である「指導の個別化」は、教師が支援の必要な子どもにより重点的な指導を行うことなどで効果的な指導を実現することや、子ども一人ひとりの特性や学習進度、学習到達度等に応じ、指導方法・教材や学習時間等の柔軟な提供・設定を行うことなどを例にあげています。

素直にこの答申を読むと、一人ひとりの子どもに教師の手厚い指導が必要であると捉えられますが、実際にそのようなことができるわけはありません。たった一人の子どもでさえ「指導の個別化」を具現化するのはとても大変なことです。このことを踏まえて、答申では、**「児童生徒自身が自らの特徴やどのように学習を進めることが効果的であるかを学んでいくことなども含みます」**と記されています。私は、この記述を重要視しています。

それは、子ども自身が、現在の自分を振り返り、至らないところやさらに高めたいところを自分で判断し、自ら学びを高めていく力をつけてやることこそが大切だと示しているからです。私は、こちらの方を前面に出すべきだと考えています。

「個別最適な学び」を進めるのは、教師ではなく、子ども自身であるべきと考えれば、「教師はいつか子どもから離れてしまう」というフレーズが、重要なことを示唆していることに気づいていただけると思います。

では、どうしたら、教師がいなくても自分自身で学ぶことができる力をつけてやることができるのでしょうか。私は**「協働的な学び」を促進することが1つの手立て**だと考えています。1人だけで学ぶ力をつけることはできません。わからないときにわからないと言える仲間の存在は、その子どもの学ぶ力を育むのに寄与します。例えば、仲間から問題の解き方を聞く中で、思考の仕方に触れることができるでしょう。行き詰まったときの対処法にも触れることがあるかもしれません。もちろん、普遍的なものではありませんが、少なくとも教師から教えてもらうよりは、仲間から学ぶ力、あるいは学ぼうとする力は将来に生きるものだと確信しています。

子どもは、選択権を与えられると
考えるようになる。
研究成果を伝えるには、
子どもの変容を示すことが一番。

自己選択は、主体性を育てる１つの手段

［主体的な学習者の育成］

「主体的・対話的で深い学び」という文言は、きっとすべての教師が幾度となく耳にしていることでしょう。ところが、「主体性をどう育んでいますか？」と尋ねてみると、すぐに具体的な方法や事例を話していただける方は多くありません。

この「自己選択は、主体性を育てる1つの手段」というフレーズは、先の問いに対する1つの提言です。

このフレーズは、ある中学校の研究に関わったときに生まれました。今だから書けるのですが、はじめてその学校の授業を参観したときには、大変な学校の指導助言を引き受けてしまったと後悔しました。先生方は熱心に授業をされていましたが、どの授業も発言は少なく、子どもは授業を静かに聞いていることが一番大切といった感覚をもっているようでした。また、数年前から「主体性を育む」ことを研究テーマに掲げてきているにも関わらず、教師側にそれを具現化する意識がないとしか思えない状況でした。

先生方に多くのお願いをすることは、ただでさえ忙しい学校現場に拍車をかけてしまうと考え、先生方へのはじめての講演の中で、「騙されたと思って、1回でよいので、授業の中に自己選択の場面を入れてください」とお願いしました。**子どもたちに、学習の手段、**

学習の手順、学習のまとめの方法などの選択肢を与えて選ばせることで、自ずと主体性を発揮せざるを得ない場面を生み出すことがねらいでした。強調したのは「**自己選択は、主体性を育てる1つの手段です**」ということです。

この提案は、研究主任の日常的な投げかけもあり、選択させる場面を設定する授業が徐々に増えていきました。それにつれて、子どもたち自身で授業展開を考えることも生まれ、主体性を発揮する子どもを多く見ることとなりました。

研究発表会では、3年生の子ども3人が1年生時の授業と3年生時の授業との違いを語る場面をつくってもらいました。私が関わったのは2年間です。3年生の子どもが1年生時は、自己選択場面はありませんでした。3年生時では、自己選択をすることが頻繁にあったので、その比較を子どもたちが説明することが、研究成果を一番よく表すと考えたのです。

代表生徒の3人は飾らない言葉で語ってくれました。校長先生には、「あらかじめ原稿を書かせ、それをチェックすることはしないでいただきたい。子どもたちは授業がよくなったこと、自分たちで考えることの楽しさを語ってくれると信じましょう」と伝え、当日を迎えました。期待以上の内容でした。

「1年生では、先生の話を静かに聞き、黒板に書かれたことをノートに写すことばかりをしていました。2年生から、先生たちが少しずつ私たちに聞くことが多くなりました。『どういうものを使って調べたい?』『どんな方法で実験をしたい?』『どのような練習をしたい?』などといった質問を受けて、自分たちで授業を進めていくことが楽しいと思うようになりました」

このようなことを、3人の子どもが全体会の冒頭で話してくれたのです。研究発表会参加者には、この言葉を耳にしただけで、大いなる成果があったと捉えていただけたと思います。

研究は子どもたちの成長を願って行うものです。その子どもたちが、紹介したように伝えてくれたのです。子どもたち自身が「自己選択は、主体性を育てる1つの手段」であると証明した、すばらしい発表会になりました。

「主体的に学習に取り組む態度」の評価には、「振り返り」が重要。振り返りを重ねることで、自らを成長させる。

振り返りは、自己を成長させる１つの手だて

[振り返りの大切さ]

学習評価の観点に「主体的に学習に取り組む態度」が入ったことで、この評価方法について質問をよく受けるようになりました。そのときに伝えるフレーズが「振り返りは、自己を成長させる1つの手だて」です。

観点別評価とこのフレーズの関連を述べておきましょう。まずは「主体的に学習に取り組む態度」について、中央教育審議会が出した「児童生徒の学習評価の在り方について（報告）」から示します。

「主体的に学習に取り組む態度」の評価に際しては、単に継続的な行動や積極的な発言等を行うなど、性格や行動面の傾向を評価するということではなく、各教科等の「主体的に学習に取り組む態度」に係る評価の観点の趣旨に照らして、知識及び技能を獲得したり、思考力、判断力、表現力等を身に付けたりするために、自らの学習状況を把握し、学習の進め方について試行錯誤するなど自らの学習を調整しながら、学ぼうとしているかどうかという意思的な側面を評価することが重要である。（傍線は筆者）

この「自らの学習を調整しながら、学ぼうとしているかどうかという意思的な側面を評価」に着目すると、子どもの心の中を捉える必要があります。しかし、子どもの表情からそのような意思が働いているかどうかを読み取ることはできません。**捉えるためには、子ども自身に出力させること、つまり「振り返り」を書かせることしかない**と考えています。

子どもには「振り返り」を次のように説明するとよいとお伝えしています。

・「今日の授業だからこそ」ということを書いておこう。
・今日の授業で心が動いたことなら、何でもよいので書いておこう。
・「難しいなあと思ったけど…」「○○さんの考えがよかった」「もっと…をしてみたい」など、今日の授業で心に浮かんだことを書いておこう。

ここにあげた３点を見ていただくと、「**振り返りは、自己を成長させる１つの手だて**」としている理由を推測していただけると思います。

「自らの学習を調整」という文言は、平易に表現すると、教師が子ども個々に指示をするのではなく、子ども自身が自分の学習状況をつかみ、それをもとにもう一度学び直そうと考えたり、学びを深めたり高めたりしようとすることを意味しています。これを具現化する手だては、子どもが「振り返り」を重ねることだと思います。

大学の授業においても、毎回の授業で「振り返り」を書くように指示しています。300字程度の振り返りですが、必ず提出させ、授業者として振り返りをする意味も含めて、全員の振り返りに目を通しています。

授業テーマについて自分の考えをまとめ直している記述、授業テーマを広げて考えている記述、これまでのテーマと関連づけている記述など、こちらの心が動いたところには読みながら赤ペンで下線を引いたり、文言に二重丸をつけたりしています。

この赤ペンが学生に好評で、毎時、返却した振り返りの下線や二重丸を注視するようです。さらに下線が増えるように、振り返りの質を高めたいと書いた学生がいました。

このように学生とやりとりを続けていることが功を奏し、学生から授業に高評価をもらいました。受講者71名による評価で、「この授業は双方向であると思う」という問いに、強く思うが61名、思うが10名という回答がされ、大変心強く感じました。学生ばかりか自分自身も振り返りを通して成長していると思っています。

「対話ができる子どもが30%増えた」

という数字より、

「○○な対話ができた子どもがいた」

という事実が大切。

エピソードが飛び交う職員室でこそ研究は進む。

エビデンスより
エピソード

[子どもの事実で進める実践研究]

依頼を受けて研究校に関わるときに、最初に皆さんに伝えるフレーズが、「エビデンスよりエピソード」です。

次のような例を示した後につけ加えます。

「この学校のテーマは対話ですね。『学級の80％の子どもたちが対話ができるようになりました』と報告を受けたとしましょう。うそっぽいと思うでしょう。

ところが、『自分の学級のAさんとBさんは、「ここの言葉はこれに変えてもいいよね。もっとよくなる感じがするのだけど…」「そうだね。こっちの方がいいねえ。すごい！」などといったやりとりができるようになったのです。うれしくて報告します』と言われると、疑うどころか、どうしてそのようになったのか聞きたくなるでしょう。このことを私は、学校の実践研究は、『**エビデンスよりエピソード**』だと称しています。子どもの事実を示し、それを積み重ねることこそ実践研究だと考えるのです」

この「エビデンスよりエピソード」を痛感したのが、県教育委員会に勤めていたときです。きめ細やかな教育を推進する事業のために、教師の人数を増やすことが決議されました。その主務者が私でした。

あるとき、議員からこの事業の詳細説明を求められ、質問を受けることがありました。それに丁寧に答えた後です。議員から「皆さんが願っていた事業が通ったのだから、ぜひがんばってください。１年後に、きめ細やかな教育がどれほど進んだのか、数値で示してくださいよ」と言われたのです。

事業成果を数値で示すことはできません。「申し訳ありませんが、数値では報告ができません」と返答したところ、激しく叱られました。まずい対応をしたことに気づき、すぐにお詫びをしました。

しかし、「数値（エビデンス）で事業成果を示すのは無理だ。教師が増えたことで、どのような教育ができたかという事実（エピソード）ならたくさん示すことができる。議員は何かとエビデンスで示せと言うが、むしろ学校現場には、その成果がわかるエピソードをたくさん示せと言うべきだ。エビデンスよりエピソードだ」と、そのときに心に強く刻んだのです。

実践研究を指導助言する際、このフレーズを示した後に、次のようにつけ加えています。

「エビデンスよりエピソードであることは納得していただいたようですね。そこで、校内研究を進めるために、皆さんに意図して動いていただきたいことがあります。それは、**この研究に沿った子どもの対話する姿があったなら、ぜひとも職員室で報告をしていただきたい**のです。『今日、国語の授業でCさんとDさんが、とてもよい対話をしていました。その2人のやりとりを取り上げて、「こうして疑問を出しながら考え合うのがすばらしい。こういう姿を先生たちは願っているのです」と価値づけしたのです』。このような報告がされる職員室はすてきではありませんか？」

研究を日常化してほしいという願いがあってのことです。

研究が進んでくればくるほど、私はこうした子どもたちの姿で研究成果を語り合う場面が増えてくると信じています。エピソードは、特に若い教師の認識を豊かにする効果があります。**経験が少ないと、例えば「望ましい対話の実際」と言われても、具体的にそれがどのような姿なのかが浮かびません。**しかし、職員室で研究に関わる子どもたちの様子を耳にしている間に、子どもたちを見る目が高まってきます。実践研究は理論だけでは決して進まない理由がここにあります。

エビデンスよりエピソードの積み重ねこそ重要なのです。

協働的な学びを実現するには、
心理的安全性が高い学級であることが必要。
わからないと気軽に言えることが第一。

心理的安全性が高い学級をつくろう

[学級の心理的安全性]

「心理的安全性」とは、「組織の中で自分の考えや気持ちをだれに対してでも安心して発言できる状態」のことで、ビジネスでよく使われる用語です。もともとは組織行動学を研究するエドモンドソンが1999年に提唱した心理学用語で、「チームの他のメンバーが自分の発言を拒絶したり、罰したりしないと確信できる状態」と定義されています。最近は、教育用語の1つと言っていいほど、教育界でもあちこちで使われています。私も講演では、必ず取り上げている言葉です。

先に紹介した「組織の中で自分の考えや気持ちをだれに対してでも安心して発言できる状態のこと」の「組織」を「学級」に変換してみてください。心理的安全性がある学級は、だれもが望む学級の姿です。

2021年の中央教育審議会答申（「令和の日本型学校教育」の構築を目指して～全ての子供たちの可能性を引き出す、個別最適な学びと、協働的な学びの実現～）では、次のように記されていますが、まさに「心理的安全性」が高い学級であってこそ成立するといっても過言ではありません。

探究的な学習や体験活動などを通じ、子供同士で、あるいは地域の方々をはじめ多様な他者と協働しながら、あらゆる他者を価値のある存在として尊重し、様々な社会的な変化を乗り越え、持続可能な社会の創り手となることができるよう、必要な資質・能力を育成する「協働的な学び」を充実することも重要である。（傍線筆者）

「他者と協働しながら、あらゆる他者を価値のある存在として尊重」できるのは、子どもたちが自分の弱みをさらけ出すことができ、他の子どもたちから受け入れられることで、自己肯定感を高めることができるからです。こうした理由から、「心理的安全性が高い学級をつくろう」と伝えています。

では、心理的安全性が高い学級はどのようにすればできるのでしょうか。

私は、「学びの共同体」で重要視されている「**わからないと言える学級づくり**」を第一にすべきだと思います。

ところが、子どもたちはなかなかわからないとは言えません。「わからないときにはわからないと言いましょう」と呼びかけたところで、すぐにそのようにできるわけはありません。

そのために、隣同士の2人や4人で話し合うといった少人数での交流を仕組むことから始めるのが常道です。短い時間でよいので、まずは他者と交わることを体験させ、そのよさを教師が意図的に伝えることが重要になります。

「2人なら、わからないところも気軽に言えますよね。先生は、授業はわからないことから始まるのが一番よいと思っているのです」

などと、わからないことへの価値づけを何度も繰り返すことで、学級の心理的安全性が高くなってきます。

ポイントは、焦らないことです。1人1台端末が導入されてからは、端末を持って、教室内を自由に動き回って、画面を見せ合いながら話し合うスタイルを目にするようになりました。決められた相手ではなく、自分で話し相手を見つけていく活動も含まれているので、より心理的安全性があることが大切です。また、こうした活動を重ねることで、安全性が高まっているという報告も聞いています。

また、人間関係づくりと称したワークショップ（ゲーム）を定期的に行い、全員がだれとでも交わることができるように、意図的な活動をしている学校もあります。心理的安全性を重要視しているからだと捉えています。

子どもが毎日学校に来ることは
当たり前ではない。
登校する価値がある教育活動や
環境であるかを振り返ろう。

子どもが「明日も学校に来よう」と思えた1日だったか考えよう

［学校で学ぶ価値］

ある落語家さんから、次のようなことを言われました。

「よい落語をしなければ、お客さんが来てくれなくなるのではないかと、いつも不安を抱えています。失礼ですが、先生方はいいですよねぇ。酷い授業をしていても、子どもたちは学校に来ますから」

返す言葉がありませんでした。

確かにその通りです。子どもたちが毎日登校してくれることに、教師が甘えていないかと振り返らなければいけません。**「子どもが『明日も学校に来よう』と思えた1日だったか考えよう」**は、この経験をもとに生まれたフレーズです。

コロナ禍となり、登校する意義や学校そのものの価値まで問われるようになりました。熊本大学准教授の苫野一徳先生は、NHK解説記事「学校は何のためにあるのか?」(視点・論点)の中で、次のように述べています。

「新型コロナウィルスの影響が続く学校教育界は、今、『そもそも学校は何のためにあるのか?』、その存在意義を抜本的に問い直すことを余儀なくされています。

近代の学校制度が始まってから、およそ150年。そのシステムは、ほとんど変わることなく、これまで次のようなものとして続いてきました。すなわち、『みんなで同じことを、同じペースで、同じようなやり方で、同質性の高い学年学級制の中で、出来合いの問いと答えを勉強する』というシステムです。

しかしこのシステムが、コロナ禍のただ中にあっては、ほとんど機能しなくなってしまいました。つまり、みんなで同じことを、同じペースで、一律に進めていくことができない。

実は、コロナ禍の前から、このような一律一斉のシステムは大きな問題を抱えていることが知られていました。たとえば、『みんなで同じことを、同じペースで』進めていくと、必ず、授業についていけない子が出てしまいます。その逆に、すでに授業の内容が分かっているにもかかわらず、先へ進むことができないために、勉強が嫌いになってしまう子どもたちも大勢います。とても嫌な言葉ですが、『落ちこぼれ・吹きこぼれ』問題と言われています。

（略）なぜ、何のためにこんな勉強をしなければならないのか分からず、学びから逃走する子どもたちが大勢います」

こうした発言をされているのは、苫野先生だけではありません。「あんな学校なら行く必要はない」と子どもに登校を促さない保護者もいます。**「学校へ行くのが当たり前」と言えない時代に突入しようとしています。**

子どもたちに「なぜ学校に来るのですか？」と聞けば、多くは「友だちと会えるから」「友だちと遊びたいから」と答えるでしょう。どれほどの子どもが、「授業を受けたいから」とか、「勉強がしたいから」と答えてくれるでしょうか。

学校に登校する価値を子どもたちと一緒に話し合う、考え合う必要があるように思います。もはや、「○○だから学校に来るのです」と上から示すのではなく、子どもたち自身に学校の価値に気づかせることが求められているのではないでしょうか。

そのときにますます重要になるのが、**登校する価値がある教育活動や環境であるのかということ**です。

「子どもたちが『明日も学校に来よう』と思えた1日だったか考えよう」というフレーズが、日ごろの教育活動や環境を真摯に振り返るために役に立つことを願っています。また、スクールリーダーは、時折このフレーズを全教職員に伝え、日ごろの在り方を振り返る視点の１つとしていただきたいと思います。

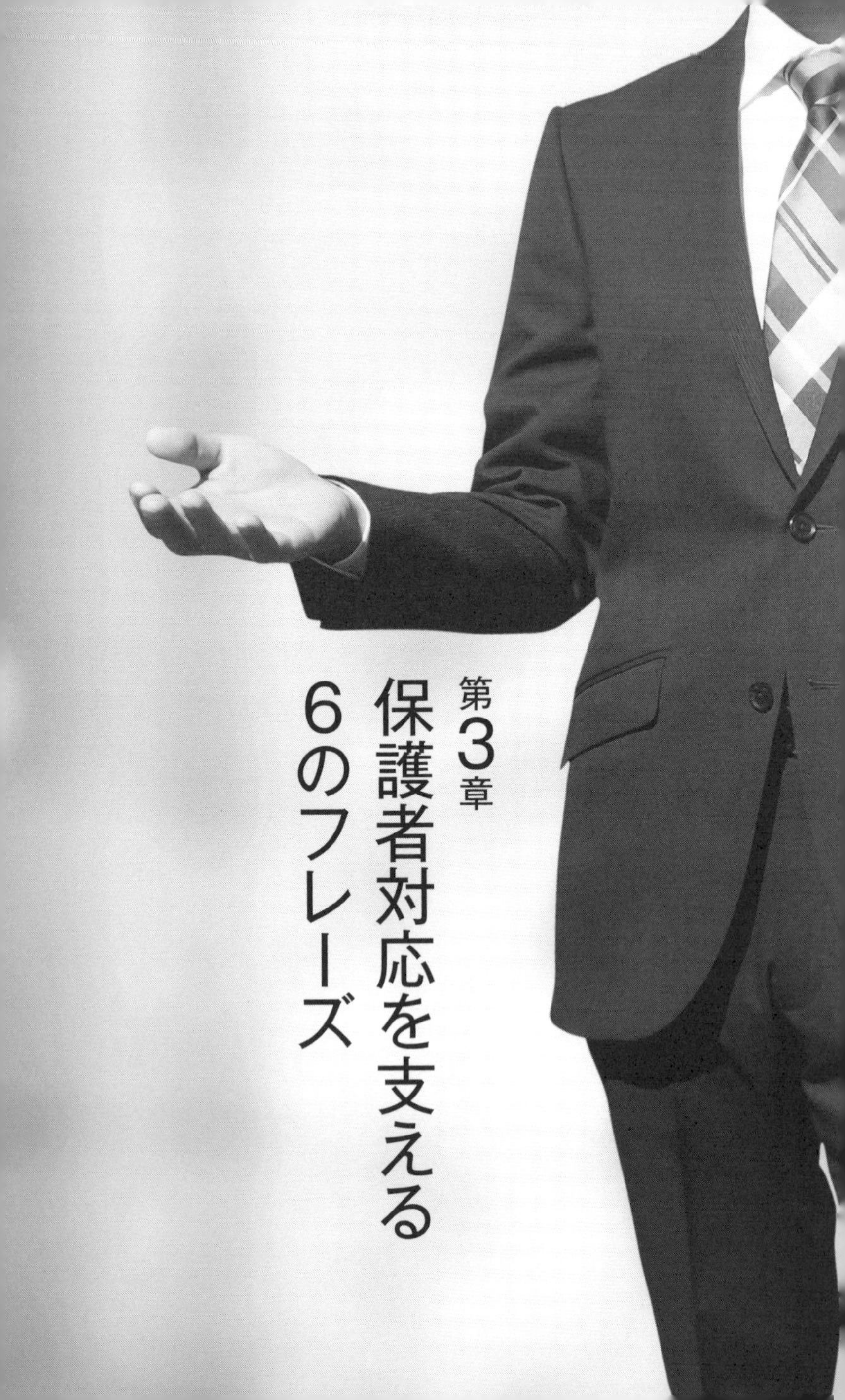

第3章 保護者対応を支える6のフレーズ

教師である前に人でありたい。
人となりを伝えたら、
何事も保護者の理解が得やすくなる。

保護者に人となりを伝えて安心してもらえばいい

［保護者への自己開示］

保護者とのコミュニケーションに苦手意識をもっている教職員は少なくありません。「保護者と話すと、『何か批判されるのではないか』『不備を指摘されるのではないか』といった不安が生じるのです」と言う方に多数会ってきました。かくいう私も、年齢を重ねるまでは同様でした。

ある先輩教師に、「担任している子どもたちより自分の子どもが幼いときは、自分は半人前の教師だと思っているといい。自分の子どもが担任している子どもたちの年齢を超えたときに、ようやく一人前になるのだよ」と言われたことがあります。いろいろと誤解を招きそうな言葉なのでその意味を補足すると、自身の子どもが担任している子どもたちの年齢を超えると、ようやく子どもたちの言動の裏にある心情が実感としてわかり、自然と対応も上手になってくるということです。

若いころ、この言葉が妙に印象に残り、「我が子はまだ幼い。保護者の方が子育て経験は豊富なので、自分が助言できることなんてない…」と、保護者と話すときに気が引けていたことを思い出します。「モンスターペアレント」という言葉が広がり始めていた時期でした。

私は、保護者対応に苦手意識をもつ教職員に、「**保護者に人となりを伝えて、安心してもらえばいい**」と助言しています。「教育は人なり」とも言われます。教師である前に人間であるわけですから、その人間味を知ってもらえると、保護者との関係もぐっと縮まるということです。

校長時代に、教職員の人となりをわかってもらうために、保護者からの要望もあって、授業参観日に「ミニミニ講演会」を開催しました。この「ミニミニ講演会」は、教職員が保護者に15分ほど自分を語る会です。語ってもらう教職員を選ぶ時は、保護者からのリクエストを大切にしました。

講演会では、様々なドラマが生まれました。その1つを紹介します。

30歳を過ぎた男性の体育教師に、保護者からの講演リクエストがありました。それを本人に伝えたとき、「保護者に話せるようなことは何もありません」と腰が引けていたので、**「教育の話は一切する必要はないよ。あなたの人となりを伝えることが大切です。なんなら、困りごとを伝えてみては?」**と助言しました。

講演会では、「自分の子育ての悩みを聞いてください」と題して、教師であるといっても、子育てにはとても困っていると本音を語りました。保護者がうんうんとうなずいて聞いているのが印象的でした。講演後は、数人の保護者がその教師に直接アドバイスを始めたことも驚きでした。まさに、その人となりが伝わり、近しい気持ちが起こったからこそだと捉えました。

その後の体育大会のときです。講演会に参加した保護者から、「あの話を聞いてから、あの先生のファンになりました。子どもから先生のことを聞いていたときのイメージと違いました。厳しいときは厳しく、優しいときはとことん優しい、人間味あふれる先生だと思いました」という話を耳にしたときは、つくづくミニミニ講演会を企画してよかったと思いました。そして、保護者に人となりを伝えることのよさを改めて実感しました。

人となりを伝える手段は、講演ばかりではありません。通信でも学校ホームページでもできます。教師として根底にもっている教育観は、人となりに表れます。それが保護者とのつながりを生むための大切な要素になることは間違いありません。積極的に発信するとよいと思います。

環境は人を育てる。
自分の未熟さも伝えつつ、
意識を共有したい。

大人が学んでいると、傍らの子どもも学ぶ

[学びに対する意識の共有]

「我が子がまったく勉強しません。どうしたらよいでしょうか？」

と、保護者から相談を受けることがあります。

家庭学習についての自分の考えを伝えることも大切ですが、できれば、保護者の家庭でのあり方についても助言できると、より効果的です。そのときのフレーズが「大人が学んでいると、傍らの子どもも学びます」です。

ただし、**様々な背景を抱えている家庭があるので、伝えるときは細心の注意が必要**です。例えば、大人が学んでいる姿を見せようにも、共働きで子どもと過ごすことができる時間がとても限られている家庭があります。そのような保護者からは、「我が家の事情も知らずに勝手なことをいう教師」と悪い印象をもたれてしまいかねません。

しかし、冒頭の相談をされたら、応答しないわけにもいきません。

まずは、相談の根底にある保護者の願いを明確にすることから始めるとよいでしょう。

「お気持ち、よくわかります。我が子も家でまったく勉強しなかったので、心配でなりませんでした。親の気持ち子知らず、ですね」

などと共感しながら、保護者の真意を確かめるとよいでしょう。実は、「まったく勉強しません」という言葉とは裏腹に、「勉強していないのに成績がよいのをほめてほしい」という保護者もいます（若いとき、保護者の言葉を鵜呑みにして大失敗したことがあります）。また、「まったく勉強しない」と言いながら、子どもの実際を知らない保護者もいます。家庭での様子を質問してみると、実はあまり子どものことを見ていないとわかることがあります。

こうしたことを踏まえたうえでの「**大人が学んでいると傍らの子どもも学びます**」は、効果的なフレーズだと思っています。「学ぶ＝机に向かって勉強する」と思い込んでいる保護者が多いからです。

どのようなとき、どのような場面でも「学ぶ」ことは可能であると保護者に伝えましょう。テレビを見ていても、十分に学ぶことができます。子どもが傍にいるなら、例えば、ニュース番組を観ていて、「ウクライナの首都のキーウは、どれくらいの大きさなのかな。ネットで調べてみてくれる？」と投げかけたらどうでしょう。この言葉が学びを強いているように感じるのであれば、つぶやくだけでもよいでしょう。

「環境は人を育てる」と言われます。「身近な大人が知らないことを学ぼうとする姿を見せることは、子どもの学びたいという気持ちを育てます」と伝えることから始めてはどうでしょうか。

子どもは、保護者が本を読んでいる姿を見て、読書の楽しさや重要性を感じたり、保護者の読み聞かせで、言語能力や語彙力が上がったりするという調査結果があります。また、博物館に行くことは、子どもの好奇心や想像力を刺激して、学習意欲を高めることにつながるとも言われます。

保護者が本を読んだり博物館に行ったりすることは、子どものよいモデルとなり、保護者が自ら学ぶ姿勢を継続することは、子どもに学習の重要性や継続することの価値を示すことにつながるとも言われます。

ここで紹介したフレーズを保護者に伝えることのよさはわかっても、「自分自身がそのようにできていないので、偉そうに言える立場にはありません」という場合もあるでしょう。私自身もそうでした。その場合、**「こうは言っても、自分は親としてできていたわけではありません。今、深く反省しているところです」とつけ加えればよい**と思います。

どの保護者も早期対応を望んでいる。
ちょっとした言葉の捉え違いが、
対応を難しくすることもある。

保護者対応は初期対応で勝負がつく

［トラブル対応の初動］

校長や教頭時代に教職員から保護者対応について報告を受けたり、相談されたりしたことは数多くありますが、その都度「**保護者対応は初期対応で勝負がつく**」と伝えてきました。

このフレーズは、県教育委員会に勤めたときのクレーム対応業務の体験から生まれた言葉です。

私が初期対応のミスだと感じた事例を紹介します。

①保護者の思いをしっかり把握・共有できていない

保護者からの申し出を聞き、最後に「…のように理解いたしました。これでよろしいでしょうか」など、最終の確認ができておらず、校内教職員の共有が不十分になり、対応が長引く要因を生み出してしまう。

②保護者が言葉を遮られたと感じてしまう

保護者からの突然の電話に戸惑って、なんとか早めに切り上げたいと焦る気持ちが相手に伝わってしまい、相談を打ち切られたというイメージをもたれてしまう。

③保護者に学校は軽く考えていると思われてしまう

保護者が連絡をしてくるのは、かなり考えてのことだと認識せず、相手の心情を察しようとする気持ちがないと思われてしまう。

④この後のことを伝えなかったために不満をもたれてしまう

用件を確認した後、これからの対応の流れを伝えなかったために、しっかり対応しようと思っていないのではないかと不満をもたれてしまう。

⑤保護者が悪いと決めつけた感じを持たせてしまう

保護者が悪いと判断したつもりは決してないが、ちょっとした言葉によって、そのように感じさせてしまう。

⑥対応が遅くなってしまい、新たなクレームを招いてしまう

保護者は即時の対応を期待しているのに、先延ばしされた印象をもたれてしまい、そのことで新たなクレームを招く。

以上、６項目にまとめてみました。なかなか解決ができなかった保護者対応を思い出すと、ここで示した項目のどれかに当てはまるのではないでしょうか。

保護者への初期対応で心得るべきことは、ここに示した6項目が発生しないようにすることに尽きます。保護者からの訴えをもとに、子どもに話を聞いたり、相手からも確認したりしなければならないことも多々あるでしょう。教職員の対応が指摘されたら、該当者から冷静に話を聞くことも必要になるでしょう。次の一手までに時間がかかることは十分に予想されます。それを踏まえて、初期対応をすることがとても重要です。

経験談ですが、「後日連絡をさせていただきます」と伝えたことで、伝えた側と受け取った側に大きな違いが生じて、新たなトラブルを生じさせたことがあります。先に示した④や⑥と重なりますが、**「後日」という言葉の捉えが大きく違っていたことが要因**でした。

学校側　＝後日とは来週あたり
保護者側＝後日とは今週中

「後日」ですから、どちらも当てはまっていますが、保護者側の心境と学校の捉えには、大きな隔たりがあります。**早期に次の一手が決まらないのであれば、「現在、このように話を進めています」といった中間報告をすることが大切**です。「学校は気にかけてくれている」と思ってもらえるだけで、早期解決につながることも多々あります。

厳しい苦情後の報告書は、
書くのが辛いが避けてはいけない。
後日、記録がものを言うことがある。

記憶よりも記録が大切

[苦情対応の要点]

県教育委員会に勤めていたころ、いわゆる苦情電話対応が自分の業務の1つでした。総合窓口が教育に関する苦情だと判断すると、私の電話へつなぐのです。

「玉置さん、教育関係でお怒りの電話です」

この言葉を思い出すと、対応に苦しんだあのころの記憶がよみがえります。電話が相手につながったとたん、いきなり怒鳴られたことがあります。受話器を持つ手が震え、逆上気味に話す相手の言葉を聞き取るのに必死だったことも思い出します。

こうした2年間で、様々な対応の仕方を学びました。対応報告書をどれほど書いたかわかりません。

この対応報告書を書くのも辛いのです。電話を切ってすぐには、報告書を作成する気持ちになれません。自分も興奮状態だからです。とはいえ、その日のうちに仕上げておかないといけません。明日も新たな苦情電話がくる可能性が高いからです。もちろん、電話対応をしながらメモするのですが、そのメモだけでは後日役に立たないので、文章化しておきます。

こうした経験から生まれたフレーズが「記憶よりも記録が大切」です。

報告書の内容で特に重要なのは、苦情内容はもちろんですが、匿名であっても、相手はどのような立場で、どのようなことを望んでいるかということです。**そこには自分の判断や感情を入れることなく、相手が発した言葉をできるだけそのまま記録しておきました。**なぜなら、関係する自治体行政に連絡することになったときに、一番確認したいのが、相手の要求事項だからです。

苦情電話をされる方は、日を変えて何度も繰り返す場合があります。タイミングによっては、前回は義務教育課の私につないだのに、次の電話は教職員課へつなぐといったことがあります。私につなごうとしても、別の電話対応をしている場合があるからです。ときどき、別課で同じ仕事をしている者同士で、報告書を持ち寄って内容の確認をしました。すると、匿名ですが、この人は何度も同じことを言ってくる人だということ、電話の相手の反応を楽しんでいる様子があることなど、記録によってわかることが多くありました。だからこそ、「**記憶より記録が大切**」なのです。

管理職をしていたときにも、教職員から苦情電話の報告を何度も受けました。

まずは、対応者を労います。**「大変だったね。ありがとうございました」のひと言が最初にあると、報告する者の気持ちが落ち着きます。**体験的学びです。

電話直後ですから、まずは口頭で聞きますが、改めて文章にまとめておいてほしいと依頼しました。ただでさえ忙しい学校現場、苦情対応で気分がよくないのに、仕事を増やすことには気が引けたのですが、「記憶よりも記録が大切」と伝え、改めてお願いをしました。

後日、報告書に目を通していると、詳細を確認したい事項が必ず1つや2つはありました。「ここのところの学校側の対応はどうだったか」「なぜ保護者はこんなにも厳しい言い方をしたのか」など、報告書はよい意味で冷静に振り返る機会を与えてくれます。

「ひょっとして保護者は誤解をしているのではないか」と思うことがあって、その保護者に校長として連絡したことがあります。電話をいただいたことへのお礼を丁寧に述べ、報告書に基づいて一つひとつ確認する中で、誤解があることがわかり、最後は先方からお詫びされたことさえあるのです。

「記憶よりも記録が大切」というフレーズは、記録がこうして役立つことを実感しているからこその言葉です。

信用失墜行為は、個人だけでなく、
学校の信用も失墜させる。
まわりの者の悲しみを想像させたい。

信用失墜行為は、1人の問題では収まらない

[教職員のコンプライアンス意識強化]

残念ながら、教職員の不祥事に関するニュースを結構な頻度で目にします。そのたびに管理職だったとき、教職員に不祥事防止について機会あるごとに話していたことを思い出します。その際に伝えていたのが、「信用失墜行為は、1人の問題では収まらない」です。

ここでは、私が4月早々に伝えていた「教職員の在り方」について紹介します。3つのキーワード「伝える」「危機意識をもつ」「信用失墜行為厳禁」に整理して話していました。

1つ目の「伝える」は、以下の4項目にまとめていました。

①問題を1人で抱え込まない、担任だけで抱え込まない、学年だけで抱え込まない

「抱え込んでいるあなたを見て、1人でがんばろうとする偉い人だとはだれも思いません。早めに学年や学校内で問題を共有しましょう」

②こまめな報告・連絡・相談を

「問題を校長や教頭に、こまめに伝えてください。そうすれば、管理職の責任になります。管理職手当は、話を聞いて責任を取るためにもらっています」

③小さなことを小さなうちに伝える

「いくら責任を取るといっても、大きな問題は容易に解決しません。かなりのエネルギーがいります。小さな問題なら、必要なエネルギーも少なくて済みます」

④誠意はスピード

「誠意は対処するスピードで表すことができます。時間が経つと誠意は伝わりません。対応が遅いと新たな問題が発生します」

２つ目の「危機意識をもつ」も、４項目にまとめていました。

①「いつもこうだから、ささいなことだから、まあいいか」と思わない

「『まあいいか』に危険が潜みます。危険の芽が見えていないだけと捉えましょう」

②自分の目で見て、耳で聞いて、肌で触れて、自分で判断する

「人から聞いただけで判断してはいけません。まずは足を運び自分の目で見ることが大切です。自分１人で判断できないときは相談してください」

③保護者対応のポイントは初期対応に尽きる

「初期対応のまずさは、保護者をクレーマーに変容させることがあります」

④「記録は口ほどにものを言う」と心得る

「生徒指導記録、保護者対応記録はあなたを守ります。１人で対応せず、複数で対応しましょう。他の人の耳で記録することもできます。

3つ目の「信用失墜行為厳禁」も、4項目にまとめていました。

①信用失墜行為は1人だけの問題（処分）ならず

「1人の行為で学校全体が信頼を失うことを心してください」

②人権を傷つける言葉も体罰

「職員室内でも、子どもの人権を傷つける言葉を発してはいけません。つい子どもの前で出てしまうものです」

③私的個人連絡禁止

「生徒との私的なメールのやりとりは厳禁です。どう使われるかわかりません」

④交通違反禁止

「過度のスピードオーバーは懲戒の対象となります。命の危険とともに職業を失う危険も伴います」

このような12項目で伝えていましたが、最後のフレーズは「**信用失墜行為は1人の問題では収まらない**」でした。

教師は子育ての専門家ではない。
不安がいつもあるのは当然のこと。

「教師だって子育てに苦しんでいます」と言っていい

[教師ならではの不安]

ある教職員の元気のなさが気になって、面談をしたことがありました。

話を聞いてみると、ご自身のお子さんについての悩みをおもちでした。

「教室では偉そうに子どもを指導していますが、我が子の学校生活を想像すると、迷惑をかけていることは間違いありません。もし我が子が自分の学級にいたら、注意してばかりだと思うのです。懇談会で保護者から相談を受けるとアドバイスをしますが、実はとても助言ができるような親ではないのです。先日、我が子の担任から相談したいことがあると言われまして…」

といったことを話してくれました。

まずは、「『教師だって子育てに苦しんでいます』と言っていい」と、悩みが少しは軽減することを願って話しました。

そして、「悩みを打ち明けられた私も、あなたと同様に悩んだことがある」と打ち明け、次のような話をしました。

「『玉置先生の数学の授業はとてもよくわかると子どもが言っています。先生のお子さんはいいですね』という何気ない言葉でしたが、自分の子どもを教えるのは教室のようにはいきません。そのことを保護者に伝えて、同情していただいたことがあります」

この年齢になって、私は子育てをすべて妻に任せてきたことを申し訳なく思っています。妻も同業者（教員）だったので、とても苦労をかけたと思っています。

管理職の立場になって、教職員から子育ての話を聞くと、自分と比較にならないほど教師生活と家庭生活をバランスよく過ごしている方がいて、感心することもありました。そのような教職員には、わざわざここで紹介したフレーズを伝えることはないと思いつつ、時代の変化も強く感じたことを覚えています。

特別支援教育の専門家である川上康則先生が書かれた「不安常在」というエッセイには、次のように記されています。だれもが不安はあるもので、不安を強く意識する必要はないという主旨の文章です。

「不安を解消したい」という気持ちは、人のもつ本能的な思考です。誰だって、一刻も早く安心できる状況を求めます。「苦しさから一時的に解放されて楽になりたい」という気持ちが強くなります。また、不安が大きくなると、あらゆることに過敏な反応を示しやすくなっていきます。そのため、不安がなかなか解消されないままの状況が長く続くと、心の中の「かくあるべし」という気持ちまで強くなっていきます。個人差はありますが、多くの人の心の中に「かくあるべし」の気持ちは存在しているのではないでしょうか。

ところが、「かくあるべし」と想定したことが実現しないと、今度は落胆や怒りが込み上げます。（略）したがって、「このままでいいのか」の気持ちが強く沸き起こってきたときほど、揺れ動く波間に漂いながら不安とともに過ごすという「不安常在」の精神が大切になります。

冒頭で紹介した子育ての悩みが表情に出ていた教職員は、まさに「かくあるべし」思考が強過ぎたのだと思われます。

教師だって子育てに苦しむことはあって当然です。**教育者＝子育ての専門家ではありません。**

自分の子どもが誕生したころに、懇談会である保護者に尋ねたことがあります。

「どのように育てると、○○さん（その保護者の子ども）のようになるのでしょうか。ぜひ教えてください」

教師は多くの子どもを見ているので、「我が子があのような子どもに育ったらいいな」と思うことがあります。私のように保護者に尋ねてみたいと思っている教師はきっと多いはずです。

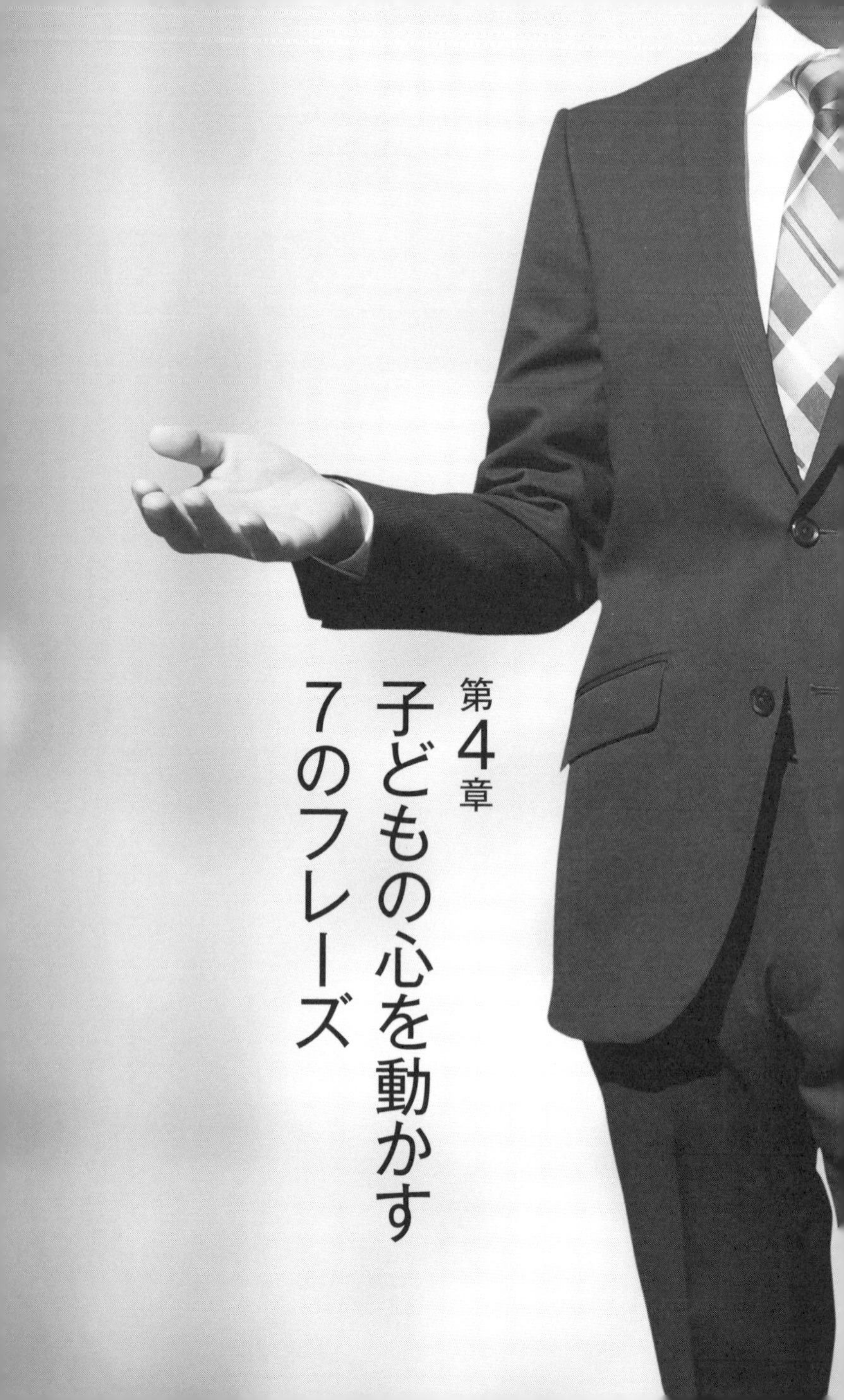

第4章 子どもの心を動かす7のフレーズ

人として当たり前のことが
できないと信頼を失う。
世の中がどれほど変化しても、
人としての心得は変わらない。

「ABCDの原則」は、信頼される人になるために大切なこと

[学校生活の指針]

第1章で紹介した「ABCDの原則」は、校長時代につくった言葉です。ビジネス書で紹介されていた言葉「A＝当たり前のことを　B＝馬鹿にするな」がヒントになりました。AとBを冒頭に使っていて覚えやすいなと思ったことから、CとDをつけ加えて、「ABCDの原則」として、子どもたちに次のように示しました。

A＝当たり前のことを
B＝バカにせず
C＝ちゃんとやれる人こそ
D＝できる人

このフレーズのよさは、使えば使うほど実感できました。その理由は、だれにでもとても覚えやすいことです。詳しく説明しなくても、意味が聞き手にわかります。

例えば、中学校の入学式での校長式辞の中では、新1年生と保護者に向けて、次のように紹介しました。

「新1年生の皆さんには、ぜひ『ABCDの原則』を知ってもらい、心の中に刻んでほしいと思います。
いきなりですが、在校生の2、3年生のみなさん、この『ABCDの原則』を新1年生に説明できる人は手をあげてください。（多数の挙手あり）
では、3年生の○○さん、説明してください。（『ABCDの原則』の説明あり）
そうですね。『当たり前のことをバカにせず、ちゃんとやれる人こそできる人』。言い換えると、**『ABCDの原則』は、信頼される人になるために大切なことです**」
事前に依頼せず、いきなり壇上から説明できる人を求めたのですが、驚くほど多くの子どもが手をあげてくれました。校内に「ABCDの原則」の掲示をしていたわけではありません。やはり、**意味がすぐにわかる短い言葉は浸透する**のだと実感した出来事でした。

校内を巡回しているとき、この言葉を聞くことがしばしばありました。学級担任が使ってくれているのです。

「今日の清掃の状況を振り返ってみてください。校長先生が言われる『ABCDの原則』を思い出してください。どうでしょうか」

また、学校ホームページで式辞を発信していたので、保護者の中でもこのフレーズを覚えてくださっている方が多数おられました。このフレーズが広がれば広がるほど、自分は当たり前のことをバカにしないできちんと対応できているかと、自身を振り返る指針にもなりました。

なお、第1章で示したように、当たり前のランクをバージョンアップすることにまでつながったのは、この原則が浸透したからだと思っています。

大学のゼミ生の教育実習校へ授業参観に出かけたときのことです。その学校には、なんと廊下に「ＡＢＣＤの原則」が掲示されていたのです。当然ですが、校長との話題が、この「ＡＢＣＤの原則」となりました。お聞きすると、どこかの本でこの原則のことを知り、さっそく子どもたちに人として大切な原則として紹介したとのことでした。この言葉をつくった者として、こんなにうれしいことはありません。

大学授業でも「『ＡＢＣＤの原則』を知っていますか？」と聞くことがあります。80人ほどの授業で、必ず1、2人の学生が挙手します。あちこちでこの言葉が重宝されていることが実感でき、うれしい限りです。

「聞いている」から「聴いている」へ、
さらには「訊いている」へと、
意識してレベルを上げることが大切。

「聞く・聴く・訊く」の違いを意識しよう

[「きく」のレベル]

全校集会で、「聞く」「聴く」「訊く」と書いたカードを順に提示しながら、次のように話しました。

「(『聞く』を見せて) この「きく」は、きこえてくる音をきいているといった感じです。(『聴く』を見せて) この「きく」は、自ら進んできいている、意識してきいているといった感じです。

(『訊く』を見せて) この「きく」という文字には尋ねるという意味が含まれています。相手から何か反応がほしいなと思ってきいている感じです。

授業では、『聴く』であってほしいと思いますし、時には『訊く』であってほしいのです。このように、『きく』には、**『聞く・聴く・訊く』があるので、まずはこの違いを意識しましょう**」

この話では、子どもたちに授業での望ましい姿を示しています。「聞く」のではなく「聴く」、さらには進んで「訊く」ことができるとよいと伝えています。

学級担任が子どもにこの言葉を板書しながら違いを説明している場面を見ることがあり、とてもうれしく思いました。自分が発した言葉を使ってもらえる喜びは格別です。

この「聞く」「聴く」「訊く」を伝えてからは、授業観察時に、子どもたちの表情をもとに違いを意識しているかどうかを見るように心がけました。「きく」の違いは、いわば心の中での違いですから、子どもの表情からしか捉えられないからです。**意識すると、表情から結構読み取れるもの**です。「目は口ほどに物を言う」といいますが、注視していると、このことわざ通りだと思います。また、子どもの視線の先を見ると、その子どもの心情が推測できます。例えば、発言者の方に顔を向ける子どもは、その発言内容を聴き取ろうとしていると判断できます。発言を聴きながらうなずく子どももいます。級友から学ぼうとしていると言ってよいと思います。

ある小学校の2年生の生活科の時間に、グループごとの取組を発表して話し合う場面がありました。ある子が次のように発言しました。

「○○さんはゴムを使うといいと言ったけど、どうしてそれがいいのかがわからないので教えください」

まさに訊いたのです。また、ある子どもは先生に次のように伝えました。

「先生、今はグループで話し合いたいのですけど、いいですか？」

この発言にも驚きました。小学2年生が担任に、いい意味でグループでの話し合いの可否を訊いたのです。担任は、「そうですね。では、そうしましょう」とその子どもの発言に賛成して、そのように進めました。教職2年目の教師が、子どもとの関係もよく、このように発言する子どもを育てていることに驚きました。

指導助言者として大いにほめましたが、さらに驚くことが続きました。校長によると、この担任が初任者のときは、学級経営に苦しみ、退職も考えたほどだというのです。そのような状況だったとは、子どもとのやりとりを見ていても、まったく想像ができませんでした。本人に直接尋ねると、初任者のとき確かに教師を辞めようと考えたことがあり、ようやく1年が終わったという気持ちになったこと、振り返ってみると子どもたちを自分が思うようにしようと思い過ぎていたことを反省したこと、2年目になって子どもたちの声をまずは聴くように心がけたことを話してくれました。

私は、初年度のこの担任は、子どもの声を聞いていても、聴いていなかったのだと見立てました。だからこそ、子どもとの距離があり、教師の声が子どもに届かず、悪循環していたのではないかと思います。**教師こそ、聞くのではなく、聴く、さらには訊くことも意識して子どもと関わることが大切**だと、この担任から教えられました。

感謝の気持ちをもつことは、
人としてとても大切。
それを行動に移すことを
後押しをする言葉をかけたい。

「感謝百回」を、いつも心の中に秘めておこう

[「ありがとう」の大切さ]

このフレーズは、修学旅行前の校長講話で発した言葉です。多くの学校で、修学旅行前日には、子どもたちへの最後の指導や確認事項を伝えるために、学年集会が行なわれます。その会の冒頭では、校長講話を求められることが多いと思います。

私に講話を依頼に来た学年主任には、「学年の先生方が丁寧な指導を重ねているので、私が改めて子どもたちに話すことはない。校長にわざわざ場をつくってもらわなくてもいいよ」と断るのですが、「ぜひ！」と願われれば応じないわけにはいきません。「では、その代わり、修学旅行中は子どもたちの前で一切話すことはしないのでよろしく」と交換条件を出していました。

こうしたこともあって、校長として子どもたちに何を伝えるべきかと熟考した結果が「**『感謝百回』をいつも心の中に秘めておこう**」という言葉に落ち着きました。

修学旅行中には、添乗員さんをはじめ、実に多くの方にお世話になります。こうして安心して旅行ができるのは、それらの方々の支えがあってこそだと、子どもたちに感じてほしいと願っていました。その気持ちを「感謝百回」という言葉で表したのです。「旅行中には『ありがとうございました』などの感謝の言葉を100回は言おう」とも伝えました。

具体的行動を示しておくと、自分の言葉の浸透度がわかるからです。

修学旅行出発日の朝には、見送りの先生、保護者に「ありがとうございます」「行ってきます」という声が聞こえました。バスの運転手さんやガイドさんに「お願いします」とあいさつしている子どももいました。見学先やホテルでも、進んであいさつする子どもたちの姿に、引率している教師として心洗われた気持ちになりました。些細なことでも積み重なると、このような気持ちになるのだと感じました。

最終日の朝のことです。ある子どもが「校長先生、『感謝百回』、80回を超えました。あと20回がんばります」と伝えてくれました。感謝の言葉で相手は笑顔になり、時にはほめていただけることもあり、コミュニケーションのよさを体感したからこそだと思います。

担任をしていたときには、同じ場面で、「お世話になる方々へあいさつをしっかりしましょう」と伝えていました。しかし、「感謝百回」という言葉を提示したときのような、目に見える子どもたちの変化を感じることはありませんでした。**具体的な目安（百回）が含まれていることが、フレーズとして効果的である**ことに気がつきました。もちろん、相手に伝えたいことを行動レベルで示すことも大切です。

修学旅行中の校長の心情を紹介しておきます。

私が一番心配していたことは、地震の発生です。東京都内で班ごとの分散学習を行っていたので、その際に大地震が起こったときのことを考えると、本部に待機していても落ち着きません。交通機関はマヒする可能性が高く、班ごとに携帯電話を渡しているとはいえ、それがつながる保証もありません。旅行会社と様々な想定での打ち合わせを行って臨んだ旅行とはいえ、あくまでも想定なのです。それを超える事態となることは、当然ありえます。

そのため、班学習を終えて、全員が無事にホテルへ戻ったという報告を受けたとき、心の底から感謝の気持ちが湧き起こったことをよく覚えています。教職員や添乗員さんと出会うと、何度も「ありがとうございました」と伝えていました。校長はなんでお礼を言うのだろうと不思議がっていた教職員もいたと思いますが、子どもたちの命を預かっている責任者としての、心からの感謝の声なのです。

「感謝百回」は、自分にこそ言い聞かせていた言葉でした。

真の学びは「わからない」から始まる。
わかったふりは落ち着かないもの。
気軽に「わからない」と言える
学級づくりが大切。

だれもが「わからない」と言える学級はとてもすてき

[「わからない」の受容]

子どもたちに授業の受け方について話すことがあるでしょう。私が勤めていた自治体では、教育委員会が「学び合う学び」というフレーズを、授業づくりの指針として提示していました。この「学び合う学び」は、現在の教育用語で言えば、「協働的な学び」とほぼ一致します。授業の主体は子どもであり、子ども同士が学び合いながら授業が進んでいくことが求められていました。

この指針を具現化するために、だれもが「わからない」と素直に言える学級であることが重要とされていました。わかったふりをしていたのでは真の学びはできません。そのため、「素直に『わからない』と言おう」「『わからない』は大切」「『わからない』から授業を始めよう」など、指針を踏まえたいくつかのキャッチフレーズも校内で掲示されていました。

校長として、集会で子どもたちに次のように話したことがあります。

「みなさん、この学校に入学してから、先生たちから何度も『授業では「わからない」と言おう』と呼びかけられてきたと思います。ところが、みなさんだけではなく、人はだれもが素直に『わからない』と言えないものです。子どもより、大人の方がその傾向は強いように思います。人にはプライドがありますから、なかなか言えないというのも、よくわかります。自分もそうだからです。

でも、わかったふりをしているのも辛いものです。わかっていないのにわかったようにしていて、落ち着かないことがありませんか？　大丈夫です。わかっていないのはあなただけではありません。『わからない』と声を出してみると、『私も』という声が出てくるはずです。安心して『わからない』と言いましょう。『わからない』は授業をよくするための大切な言葉です。

もう1つだけお話しします。みんなで『わからないと言える学級』をつくってほしいのです。**だれもが「わからない」と言える学級はとてもすてきです**。『わからない』と言ったら、みんなから歓迎される学級であってほしいのです。仮に『わからない』が言いにくい学級であったら、ぜひ学級の問題としてみんなで考えてほしいと思います」

このように繰り返し子どもたちに話しました。

教職員には、授業で見ることができた子どもたちのよい姿を伝えることで、この指針を浸透させることを心がけました。

例えば、次のような話をしたことがあります。

「4人である課題について話し合っているときです。そのうちの1人が、『僕だけ置いていかないでよ』とつぶやいたのです。3人だけで話が進み、自分が取り残されている、自分だけがわからないといった心情が『僕だけ置いていかないでよ』という言葉になったのでしょう。この言葉を耳にして、心が揺り動かされました。この言葉から、学ぼうとする意欲を強く感じることができたからです」

職員打ち合わせでこのようにエピソードを紹介しました。**教職員は、こうした子どもの事実から、日ごろの自分の指導の在り方やマインドを振り返ることをします。**理論的なことだけ耳にしても、自身の実践をリフレクションすることにはなかなかつながりません。

この学級担任には、そのときの写真を渡し、校長が「僕だけ置いていかないでよ」という言葉にとても感激していたと伝えてほしいと依頼しました。また、そういうことが言える学級であることがすばらしいと、みんなをほめてくださいとお願いしました。その子はとても喜んだそうです。本人と保護者に許可を得られたので、学校ホームページにエピソードとともに広く紹介することもできました。

全員参加の授業を実現するうえで、
○×表明はとても有効。
○×で自分事にさせ、関心を高める。

まずは○×で自分の意志を表明してみよう

[全員参加の授業づくり]

「子どもたちには、全員積極的に授業に参加してほしい」

このことに賛成されない方はおられません。教師はもちろん、保護者も同じです。

では、この思いを子どもたちにどう伝えているでしょうか。

その1つが、「まずは○×で自分の意志を表明してみよう」です。このフレーズは、国語授業名人の野口芳宏先生提唱の「小刻みなノート作業」がもとになっています。

野口芳宏先生は、「授業は全員参加であるべきだ。そのためには、授業中の問いを自分事にさせることが大切だ」という考えで、授業では**「小刻みなノート作業＝問いに対して自分の考えを○×で書く作業」**を頻繁に指示されます。そして、「考えなさいと指示をしても、考えたふりをする子どもたちがいる。この問いについて○か×をノートに書きなさいと指示し、自分の立場をはっきりさせると、その問いの解答に関心をもつことになる」と、その理由を述べられています。

実際に野口先生が言われる「小刻みなノート作業＝○×表明」を授業で取り入れてみると、この技術の効果がよくわかります。全員参加の授業を実現するために、「**まずは○×で自分の意志を表明してみよう**」のフレーズは有効に使えます。

大学教育学部で授業をしている身ですから、この「〇×表明」という授業技術は、学生が教師を目指していることを意識して多用しています。

「自殺予防に関する授業をすることに、〇×で答えてください」

これは、私のある授業での問いです。80名を超える学生が受講している授業ですが、この授業技術は大学においても確実に有効に働きます。**「全員が授業に参加できるようにすることが大事」と理念だけ伝えるより、「まずは〇×で自分の意志を表明してみよう」という授業技術を伝える方がはるかに効果的**です。

「まだ〇×を書いていない人?」

「では、〇の人は挙手。×の人は挙手」

「隣や前後の人で、『あなたは〇と×のどちら?』と確認して、その理由を伝え合い、話し合いなさい」

こうしたことが大学の授業でもできるのです。学生の様子を見ていると、本当は意見交流を好んでいるのだと思います。喜々として話し合っています。チョーク&トークの授業は大学でも徐々に減ってきています。とりわけ教育学部であれば、優れた教師を育成するためにも、授業は双方向、アクティブであるべきだと考えています。

立場をはっきりさせることは、主体性を発揮させることと同じです。したがって、まずは○×をつけることで、あなたの意志を表すのだと伝えましょう。迷っていても、どちらかの立場になることによって、その後の心のもち方は変わってきます。

子どもたちには、次のように具体的に伝えてもよいでしょう。

まずは、小学校低～中学年向けです。

「○か×かを決めると、『他のみんなはどちらにするのだろう』と興味がわきますよね。それが大切なのです。仮に○をつけたら、『他に○をつけた人は何人いるのかな』と思いませんか？　また、『×をつけた人は、どうして×をつけたのだろう』と考えますよね。このように立場をはっきりさせると、そのことについて、『本当はどうなのだろうか』と知りたい気持ちがわいてきます」

次に、小学校高学年～中学校向けです。

「○か×を決めて手をあげることは、あなたの考えを外側に示すことになります。心の中で思っているだけなら、他の人にはわからないので、結果によって、○×を勝手に変えることができます。考えを表明するということは、自分に責任が生まれることであるということも知っておいてください」

挙手発言ばかりが発言ではない。
「目は口ほどに物を言う」
ことを意識したい。

表情で意思を表すことも発言することと同じ

[意見表明の仕方の指導]

子どもや保護者が、「はい！　はい！　はい！」と元気よく手をあげる子どもが多い授業＝よい授業と認識していることがあります。保護者が「今の学級はどう？」などと聞くと、「手をあげる子が多くて、とてもいい学級」といった返答をする子どもがいます。実は、若い教師の中にも、そのように認識している方は少なくありません。

スクールリーダーとして、そのような子どもや教職員に伝えるとよいフレーズが「表情で意思を表すことも発言することと同じ」です。**もし「挙手をすることだけがよいのではない」などと子どもに伝えたら、「では、どうしたらよいの？」と困ってしまう子どもがいる**でしょう。そこで、「表情に出すだけでも、授業に参加していることになるのだよ」と伝えます。

コロナ禍でマスク生活が定着して、今なおマスクを常用している子どもがいると思います。「表情で自分の気持ちを伝えてみましょう」と、強制にならないように留意して、マスクを外すことのメリットを話してもよいでしょう。

「目は口ほどにものを言う」という言葉があります。「目は口以上にその人の感情を表す」という意味のことわざです。口では肯定的なことを言っていたとしても、相手の仕草や目つきからなんとなく本心でないことが感じられるということです。子どもでも理解できるでしょう。

「**表情で意思を表すことも発言することと同じ**」と子どもたちに伝える以上、教師の授業における在り方が問われることも心しておくべきです。

子どもたちがこのフレーズを理解して、一生懸命に表情で自分の意思を表していても、それを教師が受け取らなければ、このフレーズは生きたものになりません。

「○さん、□さんの発言にうなずいたね。いいですね。○さんも発言して」

「○さん、ちょっと難しい顔をしたね。今の気持ちを話してくれるとうれしいです」

「○さん、□さんの発言を聞きながら、教科書を見直したね。何か気づいたの？」

などと、子どもの表情（動き）を見て、教師が意図的指名をすることで、このフレーズを生かすことができるのです。

この意図的指名は、表現を変えれば、「**子どもと子どもをつなぐ**」ことになります。挙手する子どもだけで進める授業から脱却することにもなります。

高等学校の授業を参観することがありました。「主体的・対話的で深い学びを実現する授業」を目指して、指導助言の依頼を受けたことがきっかけです。

多くの教室で、教師が一方的に説明して理解させようとする授業が展開されていました。正直、今なおこのような授業がされているのかと驚きました。もちろん、生徒の力を高めようという教師の気持ちを否定するわけではありません。熱心に説明されていることは確かです。

しかし、そのときの生徒の様子を見ていると、ほとんど表情を変えないことに気づきました。感情が表れない生徒の顔を見ていると、寂しさを感じました。高校生ですから、心の中で感じていることはきっと多いはずです。仮に意図的指名をして発言させたら、何かしらの主張をすると思うのです。

しかし、**「黙って聞いていることが善」とされている空間では、顔の表情がとても乏しくなる**ことを実際に見て、「表情で意思を表すことも発言することと同じ」という考え方の重要性を強く感じました。

努力を重ねると、ある時点から
急に成果が見えてくることがある。
ただし、むだな努力は重ねても成果は出ない。
主体性が重要。

努力の成果は加速度的に表れる

[努力とその成果]

「努力の成果は加速度的に表れる」

これは向山洋一先生が、「努力は段階的に重ねなければならないが、進歩は加速度的に訪れる」（『心を育てる学級経営』２００１年７月号、明治図書）と述べていたことをもとにアレンジしたフレーズです。

「一生懸命勉強しているのに成績が上がらない、自分は勉強してもダメだ」と考える子どもがいます。このように言っていても、その内実はよく確かめないといけませんが、本当に地道に取り組んでいる子どもはいます。

こうした子どもに伝えるとよい言葉が、この「**努力の成果は加速度的に表れる**」です。

二次曲線を示しながら、

「努力を重ねていると、あるときから急に成績が上昇しますよ。あきらめることはありません。もう少し続けてごらん。ここから曲線が一気に上昇しているでしょう？　ここが努力の成果が表れ始めたときなのです」

と、機会あるごとに伝えてきました。

このフレーズだけでは、小学校低学年には伝わりません。その場合、子どもたちが過去の自分を思い出して、そのとおりだと思う話をするとよいでしょう。

その一例です。

「自転車に乗れるようになったときのことを思い出してください。乗りはじめは、少し進んでは足を着いていませんでしたか？　そして、なかなか乗ることができず、自分はいつまで経っても自転車には乗れないと思った人もいるでしょう。

でも、あるとき、『あれっ、足を着かずに自転車に乗っている！』と、自分でも驚いたことがありませんか？　１ｍ、２ｍ、３ｍ…と少しずつ乗れるようになったのではなくて、あるとき、急に長く自転車に乗れるようになっていませんでしたか？　これを少し難しい言葉で言うと、『努力の成果は加速度的に表れる』と言います。『加速度的』とは『急に』と言い換えてもいいかもしれません」

私は、これからの時代、「自由進度学習」を単元内に設定する学校が増えてくると予想しています。

「自由進度学習」とは、子どもたちが教科書やプリントなどの教材を使い、自分のペースで学びを進めていく方法です。学級全員が同時に先生の話を聞いて、一斉にドリルなどの教材に取り組む従来型の授業とは異なり、計画表に基づき、それぞれ自分自身で学びを進めていく方式です。

　このことを踏まえると、子どもの主体性を育てることがますます重要になってきます。自分は何を努力するとよいかを見極める力も必要になってくるでしょう。自由には責任が伴います。**自分でやるべきことを選び、それに取り組む、その結果の良し悪しは自分が責任を負うことになります。**子どもたちが進んで「自由進度学習」に取り組むようになれば、まさに「努力の成果は加速度的に表れる」という言葉が実証できるでしょう。

　さて、「一生懸命に努力していても成績が上がらない」という子どもは、もしかしたら努力をさせられているのかもしれません。主体的に取り組めていないので、「これまでより長時間勉強をしている」といった表面的なことを、「努力」と捉えている可能性があります。

　そういった意味では、**「『真』の努力の成果は加速度的に表れる」**というのが、より本質を言い表していると言えます。むだな努力をどれほど積み重ねても成果が出ないのは当然です。

大学生の事例ですが、「自分は大学生になってようやく真の努力をしていると思うようになった」と言った学生がいます。「短期、中期、長期の目標を決め、それらを達成できるように日々振り返りながら努力することが楽しく感じられるようになった。努力は苦しいことでなくワクワクすることだと、教師になって子どもたちに伝えたい」という頼もしい発言をしてくれました。

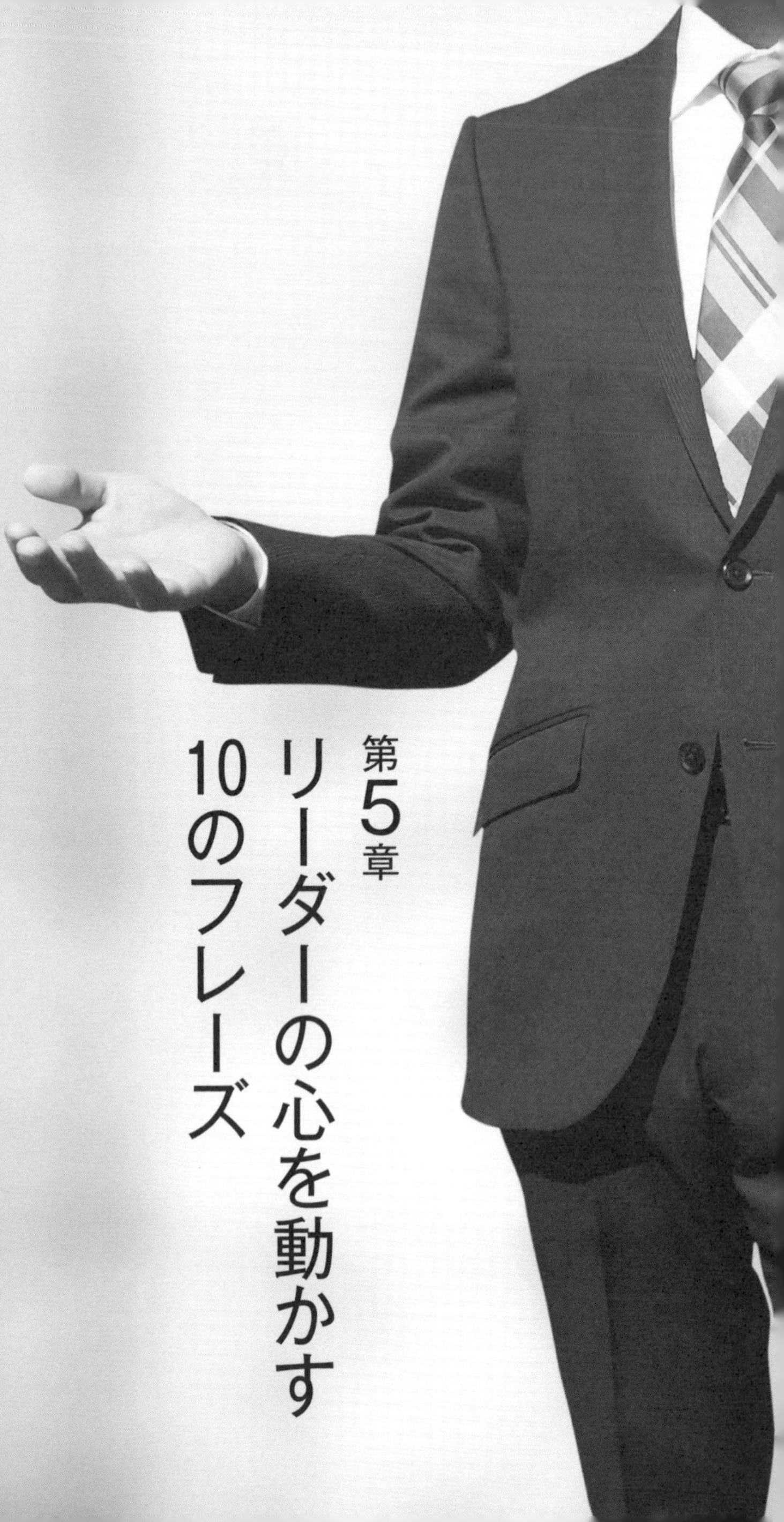

第5章
リーダーの心を動かす10のフレーズ

人のプラス面を価値づけることは、
その人のエネルギーを高める。

教職員の
マイナス面を正すより、
プラス面を伸ばそう

[教職員の見取り]

人は、だれもがプラス（よい）とマイナス（悪い）の両面をもっています。どちらか一方しかない人には出会ったことがありません。そして、人はどちらかというとマイナス面に目が行きがちです。

このことを踏まえて、主任や主事が集まる会議では、**「教職員のマイナス面を正すより、プラス面を伸ばしましょう」**と呼びかけてきました。

「メンバーのプラス面を見つけて価値づけ、それを発揮させた方が、学年経営が楽になります。本人の仕事に対するエネルギーが高まるからです」

このように説明します。

あわせて、第1章で取り上げた、**「長所伸展法」**を紹介するとよいでしょう。

「どこでもよいので、メンバーのよい点を1つ見つけてください。そして、ポジティブな働きかけによって、その一点を引き上げていくイメージをもってください。そうすると、広げたハンカチの1か所をつまんで持ち上げたときのように、他のところも自然に上がってきて、全体がよくなっていくはずです」

リーダーも弱音を吐いてよい。
教職員の共感を得られるかどうかは、
強い意志と日常の働きがカギ。

教職員に弱音を吐けるリーダーになろう

[教職員とのつながり、リーダーの態度]

校長や教頭、教育事務所長を務めていたとき、管理職や主任等には「**教職員に弱音を吐けるリーダーになろう**」と伝えていました。

組織を動かす立場にあると、自分が描いたようになることばかりではありません。予想もしない事態が発生することもあります。私はこうしたとき、教職員に弱音を吐いてもよいと考えています。

ただし、弱音を吐く前提として、リーダーとしての強い意志をもち、日頃から学校のために積極的に動いている必要があります。「何もしていないのに、ぼやくことはしている」と思われてしまうようでは、弱音を吐いても共感は得られません。

弱音を吐いて好転することは多々あります。教職員が苦しい胸の内を知って、「私ができることがあれば言ってください」とか「それは仕方がないことですよね」と同感してくれることがあります。時には、「このような方法はどうでしょうか?」と打開策を提案してくれる教職員もいました。**弱音を吐くことで、自分と教職員とのつながりが増して、一体感を味わうことができた**のです。

そのためには、やはりリーダーとして強い意志をもち、学校のために汗をかいている姿を日頃から示しておく必要があります。

ミドルリーダーが
活躍できるか否かは、
その場を設ける
管理職の手腕にかかっている。

勢いがある学校には、ミドルリーダーに活躍の場を与える管理職がいる

[ミドルリーダーとの関係づくり]

私が教頭・校長という立場であったときは、スタッフにとても恵まれていました。特にミドルリーダーが優秀でした。まだ世にない校務支援システムを企業と共同開発できたのは、ミドルリーダーの発想と実践があったからです。

リーダーには、人材に恵まれたことに感謝するだけでなく、そのような人材に活躍の場を設けるという大きな役割があります。

特に学校を牽引してほしい人とは、現在の学校の課題や解決すべき事柄について話し合う機会を意識的にもちました。そして、そこで語られた改善策やアイデアは、できる限り実現するようにしました。そうすると、**意気に感じてより力を発揮してくれる**のです。

様々な学校で指導助言をさせていただいていますが、例えば、活気ある校内研究がされていると感じる学校では、必ず、校長や教頭以外に事前に詳細な連絡をくれたり、訪問当日に積極的に学ぼうとする姿勢を示したりする教職員がいます。校長には、「**勢いがある学校には、活躍するミドルリーダーが必ずいますね。それは、活躍の場を与える管理職がいるから**だと、多くの学校訪問を通して確信しています」と伝えています。

人材をいかに生かしているか。それを問いかけるフレーズです。

顔を合わせたときのひと言でも、
思いを伝えることはできる。
次につながる機会をつくることが、
コミュニケーション量を増やすコツ。

教職員に思いを伝えるコツは、短く多くの会話を重ねること

[教職員とのコミュニケーション]

「玉置先生は、校長や教頭時代に教職員とどのようにコミュニケーションをとっておられましたか？　先生方は、玉置先生の思いをとてもよく理解して動いておられたように思うのです」

このような質問を受けたときは、次のように答えています。

「**教職員に思いを伝えるコツは、短く多くの会話を重ねることです**」

お互いに忙しいので、じっくり話す時間を取るのは難しいことです。

そこで例えば、職員昇降口で顔を合わせたときに、「学年の○○先生のがんばりがすばらしいと思うのだけど、主任から見てどう？」などと、**即答できる質問を意識して投げかけ、会話を増やしていきます。**

また、「企画委員会で相談した事柄は、じっくり意見を聴きたいので、時間があるときに校長室に来てくれるとありがたいです」などと、相手に考えてほしいことを伝え、自ら懇談に来てくれるように、意図的に投げかけます。さらに次の機会をつくることが、互いの考えを理解し合うには必要だと考えるからです。とはいえ、長時間の懇談はしないように心がけます。

ほどよい人間関係づくりは、
相手との距離を意識すること。
リーダーなら、苦手な人ほど
自分から近づく必要がある。

苦手な人にこそ、自ら近づこう

[教職員との関係づくり、距離感]

だれにも「あの人とはうまくコミュニケーションが取れない」と感じることはあるでしょう。そして、そう感じると、その人と距離を空けがちになるものです。

私は、そのために大失敗したことがありました。「校長は私を避けている」と感じた（わかった）教職員から、校長室でいきなり厳しい言葉を浴びせられました。確かに、その人の授業や学級を見ようと教室に足を運んだことは少なく、おそらく他の教職員との会話で、そうした違いを知っていたのだと思います。

このままではさらに関係が悪化すると思い、その教職員の取組を意図的に見るようにしました。継続する中で、子どものことを第一に考え、献身的に教育活動をされていることを知ることができました。そして、いつしか会話も弾むようになりました。つくづく「苦手な人にこそ自ら近づくべき」だと思いました。

管理職研修などでは、自分の苦い体験をもとに、「相手を避けているとよい関係づくりはできません。**苦手な人にこそ、自ら近づきましょう**」と伝えています。

このフレーズは教師として巣立つ学生にも、**職員室でのほどよい人間関係をつくるポイント**として伝授しています。

謙遜のつもりで発した言葉でも、
そうは取られないことがある。
期待している教職員がいることを忘れず、
前向きな言葉を発するべき。

「赴任1年目は様子を見て」はやる気を疑われる

[リーダーとしての姿勢、意欲の示し方]

新たに赴任した校長が、教職員へのあいさつで「この学校や地域のことは来たばかりでよくわかりません。したがって、まずは1年様子を見させていただきます」と堂々と発言し、がっくりきたことがあります。これが認められるのなら、赴任した1年はだれもが様子を見ればいい、極端に言えば、さして働かなくてもいいということになります。謙遜しての言葉だとは思うのですが、少なくとも、教職員から「新しい校長は、やる気と頼りがいのある人だ」とは思われないでしょう。

教育事務所長として管内校長に行う講話では、「**『赴任1年目は様子を見て』では、やる気を疑われます**」と明言していました。赴任した初日から校長職であるわけですから、無用に謙遜するのではなく、「今日からこの学校の校長として、自分の力を精一杯発揮させていただこうと思います。ただし、赴任したばかりですので、事情がよくわかっていません。気づかれることが多々あると思います。遠慮なくお教えください」と、謙虚さの中にも意欲を見せればよいのです。

リーダーとして言葉を発するときは、特に相手意識をもつことです。**「自分がこの言葉を発したら、教職員はどのように感じるだろうか」という視点**を忘れてはいけません。

校長室の存在意義を教職員にも伝えよう。最高責任者として、1人じっくり考える部屋であると伝えたい。

校長室は、1人沈思黙考するための貴重な空間

［校長室の存在意義］

「校長室はなぜあるのか」と、教職員に尋ねたことはあるでしょうか。

例えば「学校で一番偉い人だから」といった子どものような回答が返ってきたとしたら、自分が教職員に校長室の存在意義を伝えていなかったと反省すべきです。

私は、校長室の存在意義を「**校長室は、1人沈思黙考するための貴重な空間です**」と伝えていました。もちろん様々な機能がありますが、学校の最高責任者として、1人でじっくり考えることができる唯一の部屋が校長室です。とりわけ人事案件は、副校長（教頭）にも相談できないことがあります。人事はその教職員の人生を大きく左右します。安易に判断できません。多角的・多面的に考え、決定していかなければいけません。

教職員との面談では、思いもしなかった相談を受けたり、実現できそうにない希望を聞いたりすることがあります。その対応について考えることは、職員室のような落ち着かないところではとてもできません。そのために校長室があるのです。

校長室の存在意義をきちんと伝えておけば、校長室に籠っているときがあっても、教職員は理解を示してくれます。校長室の存在意義を伝えてマイナスはありません。むしろ、校長自ら伝えなくては伝わらないことです。

ネットであらゆる情報を得られる時代。
学校や校長比べもネットで簡単にできる。
何も発信しない＝何もしていない
と誤解されるかもしれない。

保護者はネットで学校や校長比べをしていると思え

［学校、校長の見られ方］

「保護者はネットで学校や校長比べをしていると思え」は、実は私が教育長から言われたフレーズです。

私が校長になった当時、藤原和博さんが民間人校長として有名でした。というのは、どのように学校改革を進めているかを毎日のようにネットで発信していたからです。マスコミへの露出度も高く、藤原校長を知っている一般の方々も多くいました。こうしたことを踏まえて、教育長は「同じ市の先輩校長から学ぶこともよいが、**保護者が知っている校長は、ネットで発信している藤原さんなどの校長**なのだよ。**ネットで校長比べをされていると思うことだ**」と言われたのです。

大いに納得しました。私もさっそく、学校ホームページで日々の学校の様子を写真とコメントをつけて発信し始めました。その効果はすぐに表れました。学校を訪れたPTA役員に、「校長先生、ホームページを楽しみにしています。他の学校の保護者がうらやましいと言っていましたよ」と言われました。また、不動産屋から「学校ホームページを見て、その学校の通学地区に引っ越したいという方がいる。通学可能範囲を教えてほしい」という電話もありました。保護者がネットで校長や学校比べをしていることを、このように様々な機会で実感しました。

授業参観後のコミュニケーションが大切。
子どものよさを伝えることから始め、
目指すべき方向を示そう。

子どものよさを教職員に伝えることで、授業改善を促そう

[授業の価値づけ、授業改善の方向づけ]

忙しい業務の中でも、校内の授業を見て回ることがあると思います。そのときの心得を示すのが、「**子どものよさを教職員に伝えることで、授業改善を促そう**」というフレーズです。

教職員の中には、管理職や主任の授業参観を受けると、自分の授業力が評価されるのではないかと落ち着かなくなる人がいます。

こうした心情を考えると、改善すべきこともストレートには伝えにくいものです。

そこで、授業参観後に、そのときに見た子どもたちのよい姿を教師に伝えることから始めると、授業の価値づけになり、改善すべき点も伝わりやすくなります。

「廊下側の前から3番目の子どもですが、とってもよい発言でした。先生は上手に価値づけておられました。他の子どもに考えをつなげると、さらによくなりそうですね」

「子どもが素直にわからないと言える、すてきな授業でしたね。日ごろの先生の呼びかけがあってこそだと思いました。あのような子どもを増やしたいですね」

などと、**子どものよさを教師に伝えた後、目指すべき方向を示す**のです。

だれでも、受けもった子どもをほめられれば悪い気はしません。そうした子どもの存在は、教職員の指導があってのことだという気持ちで話すことが大切です。

リーダーであれば、教職員から
目標とされる話し方をしたい。
話が伝わらないのは、多くの場合
聴き手よりも話し手に原因がある。

管理職は、教職員に話術の重要性を伝える存在

[リーダーの話術、伝え方]

「あの人のような話し方をしたい」と思われたことはありませんか。
逆に、「ああはなりたくない」と思うことの方が多いかもしれません。

教育事務所長を務めていたときに、管内の校長会、教頭会で、「**管理職は教職員に話術の重要性を伝える存在でありたい**」と話していました。実はこのフレーズを発するときは、そうではない実態を認識していて、「教職員の見本となるような話や話し方をしていますか？」と問いかける意図をもっていました。開き直って「『私のような話や話し方をしてはいけない』と言うことで、話術の重要性を伝えています」と苦笑いされた方がいますが、**まずは己の話し方を認識することから始めるのは大事**です。

今はスマートフォンで手軽に録音ができるので、その気があれば、すぐに自分の話を聞き返すことができます。「え〜」などの無意味な言葉を繰り返している、話の切れ目が不明確など、少し聞き返すだけでも、気づくことはいろいろあるでしょう。

同じ事柄を伝えるのでも、話術の差で伝わり方は大きく変わります。そのよい例が落語です。名人の師匠とは違い、若手の落語家は技量が低いので、噺の情景が浮かびにくく、笑いも起こりにくいのです。

【著者紹介】

玉置　崇（たまおき　たかし）

1956年生まれ。公立小中学校教諭，国立大学附属中学校教官，中学校教頭，校長，県教育委員会主査，教育事務所長などを経て，2012年度から３年間，愛知県小牧市立小牧中学校長。2015年度より岐阜聖徳学園大学教授。

文部科学省「学校教育の情報化に関する懇談会」委員，「新時代の学びにおける先端技術導入実証事業」推進委員，中央教育審議会専門委員を歴任。

学校運営に関する著書に『主任から校長まで　学校を元気にするチームリーダーの仕事術』『実務が必ずうまくいく　中学校長の仕事術　55の心得』『仕事に押し潰されず、スマートに学校を動かす！　スクールリーダーのための「超」時間術』『働き方改革時代の校長・副校長のためのスクールマネジメント・ブック』（以上明治図書，単著）など。

その他に，数学教育，学級経営にかかわる書籍など著書多数。

スクールリーダーの“刺さる”言葉

教職員，子どもの心を動かす55のフレーズ

2023年８月初版第１刷刊　©著　者　玉　置　崇
2024年３月初版第２刷刊　発行者　藤　原　光　政
発行所　明治図書出版株式会社
http://www.meijitosho.co.jp
（企画）矢口郁雄（校正）大内奈々子・山根多惠
〒114-0023　東京都北区滝野川7-46-1
振替00160-5-151318　電話03（5907）6701
ご注文窓口　電話03（5907）6668
＊検印省略　組版所　株　式　会　社　カ　シ　ヨ

Printed in Japan　ISBN978-4-18-214546-9